À travers l'entrepreneuriat éducatif

Dynamiques d'Entreprises

Collection dirigée par Michael Ballé

Lieu de travail et lieu de vie, l'entreprise est au cœur de la société. Pourtant, beaucoup de ses aspects restent mal connus. Les évolutions technologiques et sociales sont à la source de nombreuses mutations organisationnelles. Les professions continuent d'évoluer en se divisant toujours davantage sur un plus grand nombre de spécialités. Les frontières elles-mêmes des entreprises s'estompent alors que les modes de travail se redéfinissent. Les entreprises deviennent des objets d'étude à multiples facettes dont les dynamiques sont de plus en plus complexes et souvent surprenantes.
Au-delà des grandes lignes des logiques de " management " d'une part et des théories sociologiques de l'autre, nombre de ces facettes restent dans l'ombre : dimensions ignorées, métiers méconnus ou dynamiques contre-intuitives. La collection *Dynamiques d'Entreprises* a pour vocation de diffuser les études réalisées sur ces points d'ombre, souvent techniques, de la nature des entreprises. Allant au-delà des " essais de management ", la collection regroupe des textes de recherche ou d'expérience sur le terrain qui éclairent les nombreux aspects ignorés des entreprises modernes.

Dernières parutions

Philippe REBIÈRE, *Luxe et digital : de nouvelles technologies dans l'univers du luxe*, 2025.
Didier THOMAS, *Les 30 règles d'or du management par la confiance, Trouver des leviers efficaces face aux crises et affronter les défis,* 2025.
Driss FERAR, *La culture peut-elle sauver le monde ? Le nerf de la paix*, 2025.
Milie Théodora MIERE, *Culture ou cultures d'entreprise. Valeurs, intégration et changement*, 2025.

À travers l’entrepreneuriat éducatif

Dynamiques d'Entreprises

Collection dirigée par Michael Ballé

Lieu de travail et lieu de vie, l'entreprise est au cœur de la société. Pourtant, beaucoup de ses aspects restent mal connus. Les évolutions technologiques et sociales sont à la source de nombreuses mutations organisationnelles. Les professions continuent d'évoluer en se divisant toujours davantage sur un plus grand nombre de spécialités. Les frontières elles-mêmes des entreprises s'estompent alors que les modes de travail se redéfinissent. Les entreprises deviennent des objets d'étude à multiples facettes dont les dynamiques sont de plus en plus complexes et souvent surprenantes.
Au-delà des grandes lignes des logiques de " management " d'une part et des théories sociologiques de l'autre, nombre de ces facettes restent dans l'ombre : dimensions ignorées, métiers méconnus ou dynamiques contre-intuitives. La collection *Dynamiques d'Entreprises* a pour vocation de diffuser les études réalisées sur ces points d'ombre, souvent techniques, de la nature des entreprises. Allant au-delà des " essais de management ", la collection regroupe des textes de recherche ou d'expérience sur le terrain qui éclairent les nombreux aspects ignorés des entreprises modernes.

Dernières parutions

Philippe REBIÈRE, *Luxe et digital : de nouvelles technologies dans l'univers du luxe*, 2025.
Didier THOMAS, *Les 30 règles d'or du management par la confiance, Trouver des leviers efficaces face aux crises et affronter les défis,* 2025.
Driss FERAR, *La culture peut-elle sauver le monde ? Le nerf de la paix*, 2025.
Milie Théodora MIERE, *Culture ou cultures d'entreprise. Valeurs, intégration et changement*, 2025.

Jean KILAURI BITUBI

À travers l'entrepreneuriat éducatif

Former des élèves capables d'innover, d'entreprendre et de relever les défis de leur communauté

Préface de Célestin Embimen Eyalaba

L'Harmattan

5-7, rue de l'École polytechnique - 75005 Paris

www.editions-harmattan.fr
ISBN : 978-2-336-52674-4
EAN : 9782336526744

À la mémoire de ma Mère

Mathilde Zamuda Ogwa

Étoile impérissable dont la lumière continue d'illuminer mon chemin, ton essence demeure une empreinte indélébile dans l'étoffe de mon être. Ton amour ineffable, ta bienveillance séraphique et ta sagesse insondable résonnent en moi comme une mélodie d'éternité.

Que cet ouvrage, humble oblation à ton souvenir, perpétue ton éclat ineffaçable et témoigne de l'indicible gratitude qui habite mon âme.

Que ton âme repose dans l'éternelle félicité, dans l'écrin du sublime.

Avec amour et révérence.

Remerciements

À mon épouse bien-aimée, Laini Kyanga Brigitte, compagne inébranlable de mes jours et sanctuaire de mon âme, ton abnégation ineffable, ta bienveillance indéfectible et ton amour impavide ont été l'échafaudage de mes aspirations. Par ton soutien tacite, empreint de noblesse et d'altruisme, tu as illuminé mon sentier de savoir et d'élévation.

À mes enfants chéris, Parisse Bitubi Élisabeth, Laini Bitubi Bernadette, Laini Bitubi Ingrid, Anna Bitubi Lesly, Zamuda Bitubi Soraya, Jeannette Bitubi, Zamuda Bitubi Mathilde, Dorcas Bitubi, Mbula Bitubi Alvin, Assani Bitubi Chadrac et Bitubi Babengana Léonard Glenn,

Vous êtes les radicelles de mon essence, l'horizon lumineux de mes espérances. Chaque battement de mon cœur est animé par le vœu que vos destins se forgent sous les auspices de la grandeur et de l'accomplissement. Que cet ouvrage soit l'écho de mon engagement indélébile à vous léguer un héritage d'érudition et d'audace.

À mon père vénéré, Bitubi Babengana Léonard, pilier inébranlable, rempart protecteur et phare de mon existence, ta sagesse abyssale et ton amour insondable ont été le terreau fertile sur lequel mon être s'est édifié. Par ton labeur inlassable et ta résilience sans faille, tu as tracé devant moi un sillon de droiture, de ténacité et d'intégrité. Tes paroles, gravées dans la trame de mon âme, ont été l'écho d'une rectitude inaltérable et d'une dignité sans pareille.

À mes petites sœurs et petits frères, vous êtes les maillons précieux d'une chaîne familiale indéfectible, la promesse d'un héritage qui transcende le temps et les épreuves.

Par votre présence chaleureuse et vos élans de fraternité sincère, vous avez semé en moi la joie, la résilience et le courage. Chacune et chacun d'entre vous, par sa singularité, a enrichi mon cœur et forgé mon caractère. Que cet ouvrage soit un humble tribut à notre lien indéfectible, un témoignage de mon attachement ineffable et de mon engagement à toujours être un repère, un appui, une étoile dans vos cieux.

À mes petites-filles et petits-fils, héritières et héritiers d'une lignée forgée par le labeur et la persévérance, vous incarnez la continuité d'un rêve qui s'étend au-delà du temps. Vous êtes la douceur d'un avenir en gestation, la lumière qui prolonge mon existence et le souffle de renouveau qui donne sens à mon parcours. Votre candeur est un rappel incessant de la beauté du monde et de l'espoir qu'il renferme. Que cet ouvrage soit une humble offrande, un témoignage de mon amour indélébile et un phare destiné à guider vos pas vers l'accomplissement.

À celles et ceux qui ont façonné mon esprit et nourri mon discernement, je m'incline avec révérence devant Masudi Bungulu Damien, le Professeur Ordinaire Olimba Emedi Kavain et le Professeur Ordinaire Masandi Milondo Alphonse, figures tutélaires dont l'intellect incandescent et la sagacité prolifique ont jalonné mon parcours. Leur magistrale érudition, leur probité doctrinale et leur ferveur épistémique ont infusé en moi le goût de l'excellence et le culte du savoir absolu.

À l'Institut Supérieur Pédagogique de Machumbi (ISP- Machumbi), bastion de l'intelligentsia, havre où la sève du savoir irrigue les esprits en quête d'élévation, tu as été l'épicentre de mon ascension scientifique. Par ton giron, j'ai embrassé la quintessence de la transmission académique et éprouvé la splendeur de la rigueur intellectuelle. Je rends grâce à ses illustres dirigeants, à mes éminents collègues et à mes étudiants, véritables catalyseurs de réflexions fécondes et d'interactions heuristiques.

Que cet ouvrage, empreint de ma reconnaissance incommensurable, demeure l'écho vibrant de celles et ceux qui, de près ou de loin, ont enluminé mon itinéraire de savoir et d'accomplissement.

Avec une gratitude ineffable et une révérence impérissable.

Avant-propos

Dans un contexte mondial marqué par des défis économiques, sociaux et environnementaux d'une complexité sans précédent, l'éducation se doit d'évoluer pour répondre aux exigences d'un monde en évolution rapide. L'entrepreneuriat éducatif s'impose comme une voie novatrice et stratégique, dépassant les cadres conventionnels pour offrir aux apprenants non seulement des connaissances théoriques, mais surtout des compétences pratiques et des dispositions intellectuelles adaptées aux incertitudes du XXIe siècle.

Cet ouvrage, intitulé *À travers l'entrepreneuriat éducatif : Former des élèves capables d'innover, d'entreprendre et de relever les défis de leur communauté*, s'inscrit dans une démarche scientifique ambitieuse. Il explore les fondements conceptuels, les enjeux pratiques et les perspectives transformationnelles d'une pédagogie entrepreneuriale, tout en questionnant sa capacité à outiller les élèves pour qu'ils deviennent des acteurs critiques, innovants et engagés dans leurs communautés respectives.

Loin de constituer un simple complément aux curricula classiques, l'éducation entrepreneuriale s'affirme comme un levier fondamental pour relier les apprentissages aux réalités économiques. Elle permet le développement des compétences transversales comme la créativité, la résilience, la collaboration et une gestion stratégique des ressources. Cet ouvrage s'appuie sur des cadres théoriques robustes, enrichis d'une analyse critique des pratiques pédagogiques et des résultats issus de recherches empiriques menées dans divers contextes éducatifs.

Destiné aux chercheurs, praticiens et décideurs, ce travail ambitionne de repenser les systèmes éducatifs en intégrant l'entrepreneuriat comme une composante structurante. Il propose une réflexion rigoureuse et des outils concrets pour faciliter l'intégration de cette approche dans les curricula scolaires, tout en offrant des pistes pour une réforme éducative adaptée aux sociétés en évolution rapide.

Enfin, en mobilisant des approches pluridisciplinaires et des analyses comparatives, cet ouvrage met en évidence les interactions complexes entre pédagogie, innovation et inclusion. Il indique aussi l'importance des systèmes entre institutions éducatives, communautés locales et secteurs économiques pour garantir une mise en œuvre efficace et durable de l'éducation entrepreneuriale.

Je tiens à exprimer ma profonde gratitude envers les chercheurs, enseignants, élèves et décideurs dont les contributions ont nourri cette réflexion. Que ce travail contribue à enrichir les sciences de l'éducation et inspire les réformes nécessaires pour une école véritablement transformative, apte à préparer les jeunes générations à affronter les défis et à saisir les opportunités du monde contemporain.

Préface

Dans un monde en perpétuelle mutation, marqué par l'accélération des transformations économiques, sociales et technologiques, l'éducation entrepreneuriale s'impose comme une nécessité impérieuse. Plus qu'un simple vecteur de formation professionnelle, elle constitue un levier stratégique pour l'émancipation intellectuelle et économique des individus, en leur conférant les outils nécessaires pour penser, innover et agir en acteurs du changement. C'est dans cette perspective que s'inscrit l'ouvrage magistral de Jean Kilauri Bitubi, intitulé « À travers l'entrepreneuriat éducatif : Former les élèves capables de rénover, d'entreprendre et de relever les défis de leur communauté. »

Cette œuvre d'une envergure exceptionnelle transcende le cadre d'un simple manuel pédagogique ou d'un traité académique. Elle repose sur une analyse holistique et systémique, qui interroge en profondeur les fondements épistémologiques, les cadres théoriques et les implications pragmatiques de l'éducation entrepreneuriale. Avec une méthodologie d'une rigueur exemplaire, l'auteur démontre que l'éducation entrepreneuriale ne se limite pas à une transmission de savoirs normatifs, mais constitue un processus dynamique de transformation cognitive et sociale.

L'ouvrage explore, avec une érudition remarquable, les fondations théoriques qui sous-tendent l'enseignement entrepreneurial, en s'appuyant sur les théories contemporaines de l'apprentissage expérientiel, de la pédagogie active, du constructivisme et du socio-cognitivisme. L'auteur engage une réflexion approfondie sur les méthodes et approches didactiques les plus efficaces, démontrant que l'apprentissage entrepreneurial ne peut être véritablement fécond qu'à travers une pédagogie immersive, interactive et réflexive.

Ce qui confère à cet ouvrage une place de choix dans le champ des sciences de l'éducation et des sciences économiques, c'est sa capacité à articuler les dimensions théoriques et pragmatiques de l'éducation entrepreneuriale. Loin d'un simple discours normatif, l'auteur développe une analyse fine des conditions structurelles et institutionnelles nécessaires à une intégration efficiente de l'entrepreneuriat éducatif dans les curricula scolaires et académiques. Il met en exergue les défis et obstacles qui entravent son implémentation, notamment le déficit de formation spécialisée des enseignants, l'absence d'un curriculum progressif et structuré, ainsi que le manque de dispositifs d'évaluation adaptés aux spécificités de l'apprentissage entrepreneurial.

Ce livre ne se contente pas de dresser un constat critique. Il propose des solutions novatrices et opérationnelles, fondées sur des approches éprouvées et soutenues par des études empiriques rigoureuses. Il met notamment en lumière la nécessité d'une refonte curriculaire qui intègre l'entrepreneuriat comme une compétence transversale, articulée à toutes les disciplines scolaires, permettant ainsi aux élèves de développer une posture proactive face aux défis économiques et sociétaux.

Au-delà de l'enseignement formel, l'auteur souligne avec une perspicacité remarquable le rôle des écosystèmes éducatifs et des interactions avec le monde professionnel dans la consolidation d'une culture entrepreneuriale pérenne. Il insiste sur l'importance des partenariats entre les établissements scolaires, les entreprises et les institutions publiques, en vue d'ancrer l'apprentissage entrepreneurial dans des contextes concrets et significatifs.

L'une des grandes forces de cet ouvrage réside également dans sa dimension critique et prospective. L'auteur ne se limite pas à défendre la nécessité de l'éducation entrepreneuriale : il en redéfinit les paradigmes, en proposant une vision novatrice, où l'élève est considéré comme un acteur autonome de son apprentissage, capable d'exercer un esprit critique, de s'adapter aux incertitudes et d'anticiper les mutations du marché du travail.

En tant que Professeur Ordinaire et Docteur en Sciences de l'Éducation, option : Comptabilité Financière, je salue l'excellence scientifique de cet ouvrage, qui constitue une avancée majeure dans le domaine de l'éducation entrepreneuriale. Par sa profondeur analytique, son approche interdisciplinaire et sa pertinence pédagogique, il s'impose comme une référence incontournable pour les enseignants-chercheurs, les décideurs politiques, les formateurs et les acteurs économiques désireux de comprendre et de promouvoir une éducation en phase avec les exigences du XXIe siècle.

Jean Kilauri Bitubi offre ici une œuvre qui transcende les cadres conventionnels de l'éducation et de l'économie pour proposer une réflexion structurante sur l'avenir du système éducatif et son rôle dans la construction d'une société résiliente, innovante et économiquement viable.

C'est avec une conviction scientifique profonde que je recommande cet ouvrage à toutes les universités, aux institutions de recherche, aux experts en sciences de l'éducation et aux praticiens du développement économique et social. Il constitue un apport fondamental à la pensée éducative contemporaine et un jalon essentiel pour la refonte des politiques publiques en matière d'éducation entrepreneuriale.

P.O. EMBIMEN EYALABA Célestin

Docteur en Sciences de l'Éducation, option : Comptabilité Financière, **Université Pédagogique Nationale (UPN)**

Sigles et abréviations

- OCDE : Organisation de Coopération et de Développement Économique
- TIC : Technologie de l'Information et de la Communication
- RDC : République Démocratique du Congo
- UNESCO : Organisation des Nations-Unies pour l'Éducation, la Science et la Culture
- MOOCs : Massive Open Online Courses
- ONG : Organisation Non Gouvernementale
- UE : Union Européenne
- APP : Apprentissage par Projet
- PPP : Partenariat Public-Privé
- PMV : Produits Minimums Viables
- PBL : Project-Based Learning
- TPACK : Technologie Pedagogical Content Knowledge

Sommaire

INTRODUCTION GÉNÉRALE

L'entrepreneuriat éducatif est aujourd'hui reconnu comme un levier essentiel pour répondre aux mutations constatées et aux défis complexes de notre époque. Plus qu'une simple transmission de savoirs sur la création d'entreprise, il s'agit d'une démarche globale visant à développer chez les apprenants des compétences clés telles que l'autonomie, la créativité, la résilience et l'innovation, en vue de les préparer à devenir des acteurs du changement économique et social.

Son évolution historique témoigne de son importance croissante. Initialement centré sur les économies industrialisées, l'entrepreneuriat éducatif s'est progressivement intégré aux systèmes éducatifs des pays en développement où il joue un rôle central dans la lutte contre le chômage des jeunes et la précarité sociale. Aujourd'hui, des politiques éducatives renforcées et des initiatives collaboratives à l'échelle mondiale soutiennent sa mise en œuvre.

Cependant, des défis majeurs subsistent, notamment le manque de ressources adaptées, la formation insuffisante des enseignants et l'absence de cadres institutionnels adéquats. Ces obstacles appellent une approche systémique pour maximiser l'efficacité et l'impact des programmes d'entrepreneuriat éducatif.

Cet ouvrage propose une analyse critique et des perspectives innovantes pour surmonter ces enjeux. Il aspire à éclairer les décideurs, les éducateurs et les praticiens en offrant des recommandations stratégiques pour une mise en contribution à la réflexion scientifique sur un domaine en constante évolution.

1. Contexte de l'entrepreneuriat éducatif

L'entrepreneuriat éducatif, en tant que discipline, s'inscrit dans une tradition académique qui mobilise un large éventail de cadres théoriques et d'approches pédagogiques pour façonner les compétences et l'esprit entrepreneurial. Ce concept est solidement ancré dans la littérature, notamment dans les travaux de Gibb (2002) qui met en avant l'importance de l'état d'esprit entrepreneurial et de la pédagogie active dans l'enseignement. Selon Heinonen et Poikkijoki (2006), l'entrepreneuriat éducatif va au-delà de l'acquisition de connaissances théoriques : il engage les élèves dans des activités pratiques et contextuelles qui renforcent leur créativité et leur capacité à résoudre des Problèmes complexes.

Peterman et Kennedy (2003) indiquent que l'éducation à l'entrepreneuriat peut transformer les perceptions des jeunes quant à leur capacité à devenir entrepreneurs. Ce qui est crucial pour cultiver un esprit d'initiative dès un jeune âge. Souitaris et al. (2007) ont aussi démontré que les programmes entrepreneuriaux influencent positivement la motivation et l'auto-efficacité des élèves, les préparant à des rôles actifs dans l'économie.

Dans le contexte africain, Ndizeye (2020) et Niyonkuru (2016) insistent sur le rôle crucial de l'éducation entrepreneuriale pour remédier au chômage des jeunes et promouvoir l'autonomie économique. En République Démocratique du Congo, bien que l'entrepreneuriat éducatif soit encore en phase d'expansion, il bénéficie d'initiatives telles que l'intégration des partenariats public-privé pour renforcer les programmes scolaires, comme indiqué par Kilauri (2024). Ces initiatives visent à relier les compétences théoriques aux besoins économiques locaux.

La gestion des risques, la créativité, et la résolution de problèmes, en particulier, sont des dimensions clés mises en avant dans les études de Jones et English (2004) qui considèrent ces compétences comme essentielles pour transformer les élèves en agents du changement dans leur environnement. Nabi et al. (2017) ajoutent que ces compétences, lorsqu'elles sont enseignées de manière interactive, améliorent non seulement la confiance des élèves, mais aussi leur capacité à s'orienter dans des contextes complexes et incertains.

Dans une perspective globale, les approches innovantes comme le design thinking (Brown, 2009) et la méthode lean startup (Ries, 2011) s'intègrent progressivement dans l'entrepreneuriat éducatif. Elles offrent des outils pratiques pour transformer les idées en actions concrètes. Ces méthodologies encouragent les élèves à expérimenter, à itérer et à apprendre de leurs erreurs, en alignement avec les besoins d'une économie moderne.

Ainsi, l'entrepreneuriat éducatif se profile-t-il comme un levier stratégique pour renforcer les compétences des élèves, développer leur résilience et stimuler leur capacité d'adaptation à un monde en constante évolution. Les travaux mentionnés renforcent l'idée que l'entrepreneuriat éducatif est à la fois une discipline scolaire ou académique et un vecteur de transformation sociale, économique et culturelle.

1.1. Définition du concept d'entrepreneuriat éducatif

L'entrepreneuriat éducatif désigne l'ensemble des processus, pratiques et stratégies éducatives visant à doter les élèves des compétences nécessaires pour entreprendre et gérer des projets ou des entreprises. Il s'agit d'un domaine de l'éducation qui va au-delà de la simple formation à la gestion d'entreprise et qui inclut le développement de compétences transversales telles que la créativité, l'innovation, la prise de décision, la gestion des risques ainsi que la capacité à identifier et exploiter des opportunités économiques. Selon Bae et al. (2014), l'entrepreneuriat éducatif est un processus par lequel les individus acquièrent les compétences et connaissances nécessaires pour initier et diriger des activités économiques.

Cette approche met également l'accent sur des valeurs telles que l'initiative personnelle, la responsabilité sociale, et la recherche de solutions aux problèmes sociaux et environnementaux. Il existe différentes approches pédagogiques dans l'enseignement de l'entrepreneuriat, allant des formations traditionnelles à des approches plus innovantes et interactives basées sur des projets réels ou des environnements simulés d'entreprises. En outre, l'entrepreneuriat éducatif ne se limite pas aux disciplines économiques et commerciales, mais peut être intégré dans d'autres matières comme les sciences, les lettres ou les technologies de l'information.

1.2. Historique et évolution de l'entrepreneuriat éducatif dans les systèmes éducatifs mondiaux et locaux

L'histoire et l'évolution de l'entrepreneuriat éducatif dans les systèmes éducatifs mondiaux et locaux reflètent des changements importants dans les priorités économiques, sociales et pédagogiques, soutenus par divers acteurs internationaux. Dans les années 1980, après des crises économiques mondiales, les pays développés ont commencé à intégrer l'entrepreneuriat dans l'éducation, répondant ainsi à un besoin urgent de former des jeunes capables de créer des emplois plutôt que de chercher un emploi (Pittaway & Cope, 2007). À l'origine, l'éducation entrepreneuriale se concentrait sur l'enseignement des compétences commerciales, mais au fil du temps, elle a évolué pour englober des compétences plus larges comme la créativité, l'innovation, la gestion des ressources et l'impact social de l'entrepreneuriat (Greene et al., 2004 ; Nabi et al., 2017).

Les pays européens, particulièrement les pays nordiques, ont été des précurseurs dans l'intégration de l'entrepreneuriat dans les curricula scolaires. En 1998, la Commission européenne a lancé l'initiative

« *Entrepreneurship in Education* », visant à promouvoir l'enseignement de l'entrepreneuriat dans l'enseignement secondaire et supérieur avec le soutien d'organisations internationales telles que l'OCDE et la Banque mondiale (European Commission, 1998 ; OCDE, 2009). Cette initiative a renforcé la reconnaissance de l'entrepreneuriat comme moteur essentiel de croissance économique et d'innovation, entraînant la création de programmes dans des pays comme le Royaume-Uni, les États-Unis et le Canada (Smith & Beasley, 2011). Aux États-Unis, des programmes tels que « *Junior Achievement* » ont permis aux jeunes de s'engager dans des projets entrepreneuriaux pratiques (Heinonen & Poikkijoki, 2006) tandis qu'au Royaume-Uni, le gouvernement a créé des initiatives pour intégrer l'entrepreneuriat dans les curricula scolaires (Kirby, 2004).

Les pays en développement, notamment en Afrique et en Asie, ont aussi commencé à adopter des programmes d'entrepreneuriat éducatif, soutenus par des initiatives gouvernementales et des partenariats avec des organisations internationales. En République Démocratique du Congo, le programme d'entrepreneuriat demeure limité, n'étant dispensé que dans la filière commerciale et exclusivement en troisième des humanités techniques commerciales, option commerciale et gestion (Kilauri, 2024). Toutefois, grâce à des politiques éducatives ambitieuses et à des partenariats comme la Banque mondiale et l'UNESCO, des efforts sont déployés pour transformer ce curriculum en un programme continu et progressif. Cela vise à intégrer l'enseignement dans toutes les filières de l'enseignement secondaire et à tous les niveaux de classe. Ces initiatives sont particulièrement cruciales dans des contextes socio-économiques difficiles, car elles renforcent la résilience de jeunes face au chômage et aux difficultés économiques, tout en stimulant l'innovation locale (Petermann & Kennedy, 2003 ; Souitaris et al., 2007).

L'éducation à l'entrepreneuriat est devenue une réponse aux défis mondiaux et locaux, en permettant aux jeunes de se préparer non seulement à créer des entreprises, mais également à participer activement à l'innovation et au développement durable. Les systèmes éducatifs à travers le monde ont ainsi élargi leur approche pour inclure l'entrepreneuriat comme un levier essentiel pour la croissance, l'innovation et la résilience des sociétés.

1.3.Présentation des tendances actuelles dans l'éducation entrepreneuriale à travers le monde

L'éducation entrepreneuriale, dans sa dynamique contemporaine, transcende les limites des approches pédagogiques traditionnelles et s'inscrit dans une logique d'innovation globale. Les tendances émergentes mettent en exergue des méthodologies pédagogiques modernes, adaptées aux besoins des apprenants et aux réalités socio-économiques actuelles. Ces orientations reposent sur l'intégration des technologies numériques, la valorisation de l'entrepreneuriat social, l'application des approches interdisciplinaires et l'exploitation des méthodes pédagogiques interactives.

1.3.1. Usage des technologies numériques

L'intégration des technologies numériques révolutionne l'enseignement de l'entrepreneuriat en modernisant les outils et les modalités d'apprentissage. Les plateformes d'apprentissage en ligne, telles que les MOOCs (Massive Open Online Courses), offrent aux apprenants un accès flexible à des contenus variés, souvent dispensés par des experts mondiaux. Des logiciels de simulation d'entreprise permettent d'immerger les élèves dans des scénarios réalistes où ils peuvent gérer virtuellement des entreprises, évaluer des opportunités de marché et prendre des décisions stratégiques sans risque réel. Par ailleurs, des outils collaboratifs, comme les applications de gestion de projet ou les forums interactifs, renforcent la dimension participative et immersive des cours.

En outre, la numérisation favorise l'accès à des ressources éducatives autrefois inaccessibles pour de nombreux apprenants, notamment dans des régions éloignées ou à faibles ressources. Des programmes comme *Google for Startups* ou des plateformes locales de mentorat en ligne permettent d'accompagner les élèves dans le développement de leurs projets entrepreneuriaux. Cette transformation numérique fait écho à l'évolution des attentes des employeurs, qui privilégient désormais les compétences en gestion technologique et en résolution de problèmes complexes (Nabi et al., 2017).

1.3.2. Entrepreneuriat social

Une des avancées marquantes de l'éducation entrepreneuriale est l'accent mis sur l'entrepreneuriat social qui vise à concilier rentabilité économique et impact sociétal positif. Cette approche s'adresse à une génération d'élèves de plus en plus préoccupés par des questions globales telles que le changement climatique, la pauvreté ou les inégalités sociales. Dans ce contexte, les enseignants encouragent la conception de projets axés sur le développement durable et la responsabilité sociale.

Les élèves sont ainsi initiés à des modèles d'affaires innovants où la finalité va au-delà du profit économique. Par exemple, dans les écoles secondaires et universités, des projets entrepreneuriaux sont orientés vers la réduction des déchets plastiques, la promotion de l'agriculture biologique ou encore l'amélioration de l'accès à l'éducation dans des régions défavorisées. Des initiatives comme *Social Enterprise Academy* au Royaume-Uni ou *Ashoka U* aux États-Unis montrent comment l'entrepreneuriat social s'intègre dans les programmes éducatifs pour transformer les idées novatrices en actions concrètes au service de la société (Smith & Beasley, 2011).

1.3.3. Méthodes pédagogiques innovantes.

L'évolution des méthodologies pédagogiques est aussi au cœur des tendances actuelles. Des approches telles que l'apprentissage par projet ou le *design thinking* permettent de développer des compétences transversales et d'encourager l'autonomie des élèves. Dans ces environnements d'apprentissage, les élèves travaillent sur des problématiques réelles, souvent en partenariat avec des entreprises locales ou des institutions publiques afin de concevoir des solutions viables.

L'apprentissage expérientiel qui s'appuie sur la mise en situation et les activités pratiques. Celui-ci permet de renforcer l'assimilation des concepts. Par exemple, des compétitions entrepreneuriales comme le *Global Student Entrepreneur Awards*, offrent aux élèves l'opportunité de présenter leurs projets devant des jurys composés de professionnels. Ces activités immersives favorisent non seulement le développement des compétences entrepreneuriales, mais renforcent également la confiance en soi et la capacité à travailler en équipe.

Dans de nombreux établissements, des cours interdisciplinaires intègrent l'entrepreneuriat dans des disciplines telles que les sciences, l'art ou les technologies. Cette tendance vise à démontrer que l'esprit entrepreneurial peut être appliqué dans divers contextes, au-delà des secteurs économiques traditionnels (Heinonen & Poikkijoki, 2006). Vers une éducation entrepreneuriale mondiale Globalement, l'éducation entrepreneuriale devient une priorité stratégique dans de nombreux systèmes éducatifs. Des initiatives internationales, comme le *Global Entrepreneurship Education Programme* promu par l'OCDE, visent à standardiser les meilleures pratiques et à encourager les échanges entre les pays. Ces efforts collectifs contribuent à l'établissement d'un écosystème global favorable à l'apprentissage entrepreneurial où les élèves sont préparés à devenir des acteurs clés dans un monde en mutation rapide.

1.4. Importance croissante de l'entrepreneuriat dans le développement économique et social en particulier dans les pays en développement

L'entrepreneuriat joue un rôle crucial dans le développement économique et social, notamment dans les pays en développement où il est souvent perçu comme une réponse stratégique aux défis structurels tels que le chômage, la pauvreté et le sous-développement. Dans ces contextes, l'éducation entrepreneuriale apparaît comme un levier essentiel pour stimuler la création d'entreprises, l'innovation et par conséquent, la croissance économique et sociale.

1.4.1. Réduction du chômage et autonomisation économique

Dans de nombreux pays en développement, les taux de chômage, en particulier parmi les jeunes, atteignent des niveaux alarmants en raison de l'insuffisance d'opportunités dans les secteurs formels. L'éducation à l'entrepreneuriat offre une alternative en formant les jeunes à devenir des créateurs d'opportunités économiques. Ils acquièrent des compétences telles que la gestion d'entreprise, la résolution de problèmes et la prise de décision stratégique qui sont essentielles pour réussir dans un environnement économique souvent précaire. Par exemple, Peterman et Kennedy (2003) ont démontré que l'introduction de programmes entrepreneuriaux à l'école augmentait significativement les intentions entrepreneuriales des jeunes. Ces compétences permettent aux jeunes non seulement d'améliorer leur employabilité, mais aussi de devenir des acteurs clés dans la transformation économique de leurs communautés.

L'entrepreneuriat éducatif joue aussi un rôle clé dans l'autonomisation des groupes traditionnellement marginalisés tels que les femmes et les minorités. En leur fournissant les outils nécessaires pour démarrer et gérer des entreprises, les programmes d'éducation entrepreneuriale permettent à ces groupes de briser les barrières sociales et économiques. Une étude de Niyonkuru (2016) a révélé que les initiatives éducatives en entrepreneuriat avaient un impact positif sur l'autonomie des femmes dans les zones rurales en Afrique où elles contribuent au développement des économies locales.

1.4.2. Promotion de l'innovation et diversification économique

L'entrepreneuriat est un catalyseur d'innovation. Dans les pays en développement où les infrastructures sont souvent limitées, l'éducation à l'entrepreneuriat incite les jeunes à trouver des solutions novatrices aux défis sociaux et économiques. Par exemple, des élèves formés dans le cadre de programmes entrepreneuriaux sont souvent encouragés à développer des produits ou services adaptés aux réalités locales. Ce qui non seulement stimule les économies locales, mais contribue également à répondre aux besoins spécifiques de leurs communautés.

En outre, l'entrepreneuriat éducatif aide ces pays à diversifier leurs économies, souvent trop dépendantes de secteurs primaires tels que l'agriculture ou les industries extractives. En formant des entrepreneurs capables de s'adapter à des secteurs émergents tels que les technologies numériques ou les énergies renouvelables, les systèmes éducatifs contribuent à la résilience économique des pays en développement. Ndizeye (2020) souligne que l'introduction de programmes entrepreneuriaux dans les systèmes éducatifs en Afrique subsaharienne a permis de diversifier les sources de revenus et d'atténuer les chocs économiques liés à la volatilité des marchés mondiaux.

1.4.3. Renforcement du développement social et communautaire

Au-delà de ses impacts économiques, l'entrepreneuriat joue un rôle essentiel dans le développement social. Les programmes éducatifs centrés sur l'entrepreneuriat encouragent les jeunes à adopter une approche socialement responsable, en intégrant des valeurs telles que la durabilité et l'inclusion dans leurs activités économiques. Cela est particulièrement visible dans l'émergence de l'entrepreneuriat social qui se concentre sur la création de valeur sociale en plus de la rentabilité économique. Selon une étude de Souitaris et al. (2007), les jeunes entrepreneurs formés dans ce cadre sont plus enclins à initier des projets qui améliorent les conditions de vie de leur communauté, notamment en matière de santé, d'éducation ou d'accès à l'eau potable.

De plus, l'entrepreneuriat éducatif renforce le tissu social en favorisant la coopération et les partenariats au sein des communautés locales. En apprenant à travailler ensemble pour résoudre des problèmes communs, les jeunes développent des compétences en collaboration et en leadership qui sont cruciales pour la cohésion sociale. Ces projets collectifs permettent non seulement de répondre aux besoins immédiats des communautés, mais également de bâtir un environnement propice à un développement durable.

1.4.4. Perspectives mondiales et intégration dans l'économie globale

L'éducation entrepreneuriale permet également de positionner les pays en développement sur la scène économique mondiale. En formant des jeunes à saisir les opportunités offertes par la mondialisation tels que l'accès aux marchés internationaux ou l'utilisation des technologies numériques pour développer des startups, ces programmes contribuent à accroître la compétitivité globale des économies émergentes. Par exemple, Vesper et Gartner (1997) ont souligné que l'intégration de compétences entrepreneuriales dans les systèmes éducatifs des pays asiatiques a joué un rôle déterminant dans leur essor économique rapide.

En conclusion, l'éducation entrepreneuriale est un outil stratégique pour les pays en développement, car elle répond à la fois aux défis économiques et sociaux tout en offrant des perspectives d'intégration dans l'économie mondiale. Elle favorise l'autonomisation, stimule l'innovation, diversifie les économies, et renforce la cohésion sociale, tout en préparant les jeunes générations à devenir les moteurs du changement dans leurs pays.

2. Problématique et enjeux

L'éducation contemporaine, en particulier dans les pays émergents, se trouve confrontée à des défis complexes et multidimensionnels qui perturbent profondément sa capacité à répondre aux exigences économiques et sociales de l'ère moderne. Ces défis ne se limitent pas seulement à des questions d'accès à une éducation de qualité, mais s'étendent aussi à l'alignement des curricula scolaires avec les besoins du marché du travail globalisé ainsi qu'à la promotion de compétences adaptées permettant aux apprenants de s'intégrer de manière significative et productive dans une économie de plus en plus orientée vers l'innovation et la transformation numérique. Dans ce contexte, la question de la révision des paradigmes éducatifs traditionnels et de l'intégration de nouvelles approches pédagogiques telles que l'entrepreneuriat éducatif, apparaît comme une réponse potentiellement transformatrice. Cependant, bien que cette approche soit porteuse de promesses considérables, sa mise en œuvre se heurte à des obstacles structurels et institutionnels qui nécessitent une réflexion approfondie et des réformes systématiques.

2.1. Les défis contemporains dans l'éducation, particulièrement dans les pays émergents

Les systèmes éducatifs des pays émergents se retrouvent pris dans une dynamique paradoxale où les aspirations à l'éducation universelle et de qualité sont constamment freinées par des défis systémiques profonds. D'une part, les infrastructures scolaires sont souvent inadéquates pour répondre aux exigences modernes de l'enseignement, manquant de ressources élémentaires telles que des équipements numériques, des espaces dédiés à l'apprentissage collaboratif et des supports pédagogiques adaptés. D'autre part, l'approche éducative prédominante demeure largement axée sur une transmission passive du savoir, souvent caractérisée par un enseignement théorique et une culture de la mémorisation, à l'opposé des compétences pratiques et transversales nécessaires pour naviguer dans des contextes de plus en plus dynamiques et interconnectés.

Parallèlement, la forte pression démographique dans de nombreuses régions, couplée à une insuffisance de financement, engendre une surcharge des établissements scolaires. Ce qui dilue la qualité de l'enseignement dispensé. Par exemple, dans les pays d'Afrique subsaharienne, moins de 50 % des élèves qui achèvent l'enseignement secondaire disposent des compétences minimales en littératie et numératie (UNESCO, 2021). Cette situation révèle une déconnexion entre le modèle éducatif en place et les attentes du marché du travail, particulièrement dans des économies en transformation rapide où les compétences en matière d'innovation, de créativité et d'esprit entrepreneurial sont devenues primordiales.

2.2. Les lacunes dans les curricula actuels et leur impact sur la préparation des élèves

Les curricula scolaires actuels, souvent figés dans des modèles hérités du passé, souffrent d'un manque d'adaptabilité aux exigences contemporaines. Une des critiques majeures porte sur l'uniformité des programmes qui ne tiennent pas compte des spécificités régionales et des besoins sectoriels locaux. Comme l'indique Ndizeye (2020), cette approche uniformisante génère un écart significatif entre les compétences enseignées et celles réellement demandées par les marchés du travail locaux. En conséquence, les élèves se retrouvent désavantagés, n'ayant pas acquis les aptitudes nécessaires pour s'adapter aux transformations économiques rapides ou pour innover dans des environnements de plus en plus compétitifs.

De plus, l'absence d'une approche axée sur le développement des compétences pratiques constitue une carence majeure. Les compétences telles que la résolution de problèmes, la prise d'initiative, la collaboration et la pensée critique, essentielles pour évoluer dans un environnement de travail contemporain, sont souvent négligées dans les programmes traditionnels (Nabi et al., 2017). Cette lacune se traduit par une préparation insuffisante des élèves face aux défis du marché du travail et à la nécessité de créer des opportunités économiques dans un monde en perpétuelle évolution.

L'absence d'évaluations adaptées, centrées non seulement sur les connaissances académiques, mais aussi sur les compétences comportementales et pratiques, aggrave cette situation. Dans les systèmes éducatifs actuels, la mesure de l'acquisition des compétences entrepreneuriales est souvent laissée de côté, au profit de la performance académique traditionnelle. Ce qui désavantage les élèves dans un contexte mondial où les *soft skills* et la capacité à entreprendre sont de plus en plus valorisées (Heinonen & Poikkijoki, 2006).

2.3. L'entrepreneuriat éducatif comme réponse aux défis contemporains

Face à ces défis structurels et aux lacunes des systèmes éducatifs actuels, l'entrepreneuriat éducatif émerge comme une solution innovante et prometteuse. Cette approche, en plaçant les élèves au centre d'un processus d'apprentissage actif et expérientiel, leur permet de développer des compétences pratiques en lien avec la réalité économique, tout en stimulant leur créativité, leur autonomie et leur résilience. L'entrepreneuriat éducatif, en tant que discipline transversale, offre une méthode d'enseignement capable de préparer les élèves à des carrières diversifiées en les dotant des outils nécessaires pour identifier des problèmes, concevoir des solutions viables et, éventuellement, créer leurs propres entreprises. L'apprentissage par la pratique, une approche fondamentale de l'entrepreneuriat éducatif, a été démontré par Jones & English (2004) comme étant particulièrement efficace pour renforcer l'implication des élèves, leur motivation et leur engagement dans le processus éducatif.

L'intégration d'un enseignement de l'entrepreneuriat dans le curriculum scolaire permet également d'introduire des collaborations concrètes avec les acteurs économiques locaux. Ce qui offre aux élèves des occasions réelles d'interagir avec des professionnels et de développer des compétences spécifiques au marché du travail. Comme l'ont souligné Peterman & Kennedy (2003), ces partenariats permettent aux élèves de bénéficier d'une immersion dans des environnements économiques réels, facilitant ainsi un apprentissage contextuel fondé sur des situations pratiques qui favorisent la compréhension des dynamiques économiques locales.

2.4. Obstacles structurels à l'implémentation de l'entrepreneuriat éducatif

Malgré son potentiel évident, l'entrepreneuriat éducatif se heurte à plusieurs obstacles majeurs. D'abord, les infrastructures scolaires, notamment dans les pays émergents, demeurent insuffisantes pour soutenir l'enseignement de cette discipline, notamment en raison du manque d'équipements adaptés à un apprentissage pratique (Kilauri, 2024). Le faible niveau de formation des enseignants dans ce domaine constitue également un frein important. En effet, comme le souligne Heinonen & Poikkijoki (2006), les enseignants, souvent mal formés à des méthodes pédagogiques innovantes, éprouvent des difficultés à adopter des approches actives et expérimentales nécessaires à l'enseignement de l'entrepreneuriat.

Le manque de soutien institutionnel et de politiques publiques adaptées renforce ces défis. Rasheed & Rasheed (2003) soulignent la nécessité pour les gouvernements de mettre en place des cadres institutionnels qui favorisent l'insertion de l'entrepreneuriat dans les curricula, tout en soutenant les initiatives locales. De plus, la faible collaboration avec le secteur privé constitue un obstacle supplémentaire, privant les élèves d'opportunités pratiques telles que des stages, des mentorats ou des projets d'entrepreneuriat en partenariat avec des entreprises (Greene et al., 2004).

En dépit des obstacles structurels et institutionnels auxquels l'entrepreneuriat éducatif doit faire face, cette approche reste une avenue stratégique et efficace pour réformer les systèmes éducatifs dans les pays émergents. Toutefois, pour que cette réforme soit pleinement réussie, elle nécessite une révision approfondie des curricula, un renforcement de la formation des enseignants ainsi qu'une mobilisation significative des ressources humaines et institutionnelles. L'intégration de l'entrepreneuriat dans le système éducatif pourrait ainsi jouer un rôle crucial dans la transformation des sociétés émergentes en offrant aux élèves non seulement les compétences nécessaires pour s'intégrer dans une économie mondialisée, mais aussi la possibilité de devenir des acteurs de changement en initiant des projets économiques créatifs et durables.

3. Objectifs du livre et justification

Le livre qui est ici proposé s'inscrit dans une dynamique de réflexion approfondie sur l'impact de l'entrepreneuriat éducatif, non seulement sur le développement des compétences des élèves, mais également sur son rôle crucial dans le développement socio-économique des communautés. La question de l'intégration de l'entrepreneuriat dans le système éducatif revêt une importance primordiale dans un contexte mondial en constante évolution où les défis économiques, sociaux et environnementaux exigent une remise en question des modèles traditionnels de formation. En ce sens, l'entrepreneuriat éducatif émerge comme un outil stratégique pour la transformation des individus et des sociétés, en offrant aux jeunes les compétences nécessaires pour répondre aux exigences d'un marché du travail de plus en plus volatil et incertain. Ce livre a pour vocation de démontrer et de clarifier l'impact tangible de l'entrepreneuriat éducatif à travers une analyse détaillée de ses effets sur les compétences entrepreneuriales des élèves et son influence sur le développement communautaire.

3.1. Clarification des objectifs du livre

L'objectif principal de ce livre est d'examiner de manière rigoureuse et exhaustive l'impact de l'entrepreneuriat éducatif sur le développement des compétences des élèves, en particulier dans les systèmes éducatifs secondaires et universitaires. En s'appuyant sur une approche méthodologique pluraliste, ce livre s'efforce d'identifier les compétences spécifiques acquises par les élèves dans le cadre des programmes d'entrepreneuriat éducatif et d'évaluer dans quelle mesure ces compétences se traduisent par des actions concrètes dans leur vie professionnelle et personnelle. Ces compétences comprennent non seulement des aptitudes techniques et pratiques (telles que la gestion de projet, la prise de décision, la gestion des risques), mais également des qualités transversales essentielles telles que l'autonomie, l'initiative, la créativité et la résilience.

Le livre met aussi en évidence la relation entre les compétences entrepreneuriales et l'insertion des élèves dans le tissu socio-économique local, en soulignant le rôle fondamental de l'entrepreneuriat dans la stimulation de l'innovation et de la compétitivité à l'échelle communautaire. À cet égard, l'ouvrage vise à démontrer que l'entrepreneuriat éducatif va au-delà de la simple création d'entreprises : il joue un rôle clé dans le développement des communautés en tant que levier pour la croissance économique locale, la création d'emplois, et l'émergence de nouvelles solutions face aux défis économiques, environnementaux et sociaux.

Un autre objectif majeur du livre est d'analyser les différents modèles pédagogiques appliqués à l'enseignement de l'entrepreneuriat. L'ouvrage étudie les approches pédagogiques innovantes qui ont été mises en œuvre dans différents contextes, notamment l'enseignement supérieur, les écoles secondaires et les programmes de formation continue des enseignants. En explorant les méthodologies actuelles, le livre propose des recommandations pour l'optimisation de l'enseignement de l'entrepreneuriat, en vue d'accroître son efficacité et sa pertinence pour les générations futures. Cela inclut une analyse des programmes d'entrepreneuriat dans les systèmes éducatifs traditionnels ainsi que dans des contextes informels ou non formels comme les ateliers d'entrepreneuriat ou les incubateurs de jeunes entreprises.

Enfin, le livre cherche à formuler des recommandations stratégiques pour les politiques éducatives, en s'appuyant sur une étude empirique des modèles de succès et des défis rencontrés dans l'intégration de l'entrepreneuriat dans les curricula. Ces recommandations sont conçues pour encourager les décideurs politiques à soutenir l'intégration de l'entrepreneuriat dans les systèmes éducatifs à différents niveaux, notamment au travers de la mise en place de politiques publiques adaptées et de l'allocation de ressources suffisantes pour la formation des enseignants et le développement d'infrastructures éducatives dédiées à l'entrepreneuriat.

3.2. Justification de l'importance du sujet dans le contexte éducatif actuel et futur

Le contexte éducatif actuel est marqué par une série de transformations profondes, dues à des facteurs multiples tels que l'accélération de la globalisation, l'évolution rapide des technologies et la transformation des modèles économiques et sociaux. Dans ce cadre, le système éducatif traditionnel, souvent axé sur la transmission de connaissances théoriques et générales, semble de moins en moins adapté aux exigences d'un monde en constante mutation. En particulier, les jeunes diplômés sont souvent mal préparés à répondre aux défis du marché du travail qui requiert des compétences pratiques, un esprit d'initiative et une capacité à innover. Il devient donc impératif de réorienter l'éducation afin qu'elle puisse offrir aux élèves les compétences transversales nécessaires pour naviguer dans un monde économique incertain et dynamique.

L'intégration de l'entrepreneuriat éducatif dans les curricula scolaires et universitaires répond à cette problématique en permettant aux élèves de développer des compétences essentielles telles que la créativité, la gestion de projet, et la prise de décision stratégique. Ce processus d'apprentissage va au-delà de la simple acquisition de savoir-faire techniques. Il favorise aussi l'émergence de compétences comportementales et personnelles (telles que l'autonomie, la responsabilité et la gestion du risque), qui sont cruciales dans un monde où l'instabilité et l'incertitude sont devenues la norme. L'entrepreneuriat éducatif constitue ainsi une réponse aux défis du XXIe siècle, en préparant les jeunes à devenir des acteurs actifs et engagés dans la transformation économique et sociale.

En outre, l'entrepreneuriat éducatif a un rôle primordial à jouer dans le développement communautaire et la revitalisation des économies locales, en particulier dans les pays en développement ou émergents. En formant des jeunes capables de lancer des entreprises et de générer des solutions économiques innovantes, l'entrepreneuriat éducatif devient un levier essentiel pour la réduction de la pauvreté et le développement durable. Par exemple, dans des régions confrontées à des taux de chômage élevés ou à des ressources limitées, les programmes d'entrepreneuriat éducatif peuvent fournir aux élèves les outils nécessaires pour transformer des idées créatives en projets d'entreprises concrets, créateurs de valeur et d'emplois.

L'importance de ce sujet s'intensifie aussi dans le contexte de la révolution numérique et des défis liés au changement climatique. L'enseignement de l'entrepreneuriat permet aux jeunes de développer des solutions innovantes face à des problématiques complexes telles que la gestion des ressources naturelles ou la transition énergétique. Dans ce sens, l'entrepreneuriat éducatif est une voie incontournable pour forger une nouvelle génération d'entrepreneurs sociaux et environnementaux, capables de repenser les modèles économiques actuels au profit d'un développement plus inclusif et durable.

3.3. Ciblage des publics visés par le livre

Ce livre s'adresse à un large éventail de publics, dont chacun joue un rôle déterminant dans la diffusion et l'implantation de l'entrepreneuriat éducatif à différents niveaux. Le premier groupe cible concerne les éducateurs, qu'ils soient enseignants du secondaire, professeurs d'université, ou formateurs en entrepreneuriat. Ce public est directement impliqué dans la mise en œuvre des programmes d'entrepreneuriat éducatif et le livre leur fournira des outils pédagogiques adaptés, des méthodologies éprouvées ainsi que des études de cas pour enrichir leur approche de l'enseignement entrepreneurial.

Les décideurs politiques et les responsables gouvernementaux représentent un autre public clé. En effet, l'intégration de l'entrepreneuriat dans les curricula scolaires et universitaires nécessite un soutien politique fort et une vision à long terme. Le livre vise à convaincre ces acteurs de l'importance de l'entrepreneuriat éducatif, en présentant des arguments fondés sur des données probantes et en proposant des recommandations pratiques pour l'élaboration de politiques publiques favorables à l'enseignement de l'entrepreneuriat.

Enfin, ce livre s'adresse également aux chercheurs et aux académiques spécialisés dans les domaines de l'éducation, de l'entrepreneuriat et du développement économique. En leur offrant une synthèse des travaux de recherche existants et en identifiant les axes de recherche futurs. Cet ouvrage contribue à nourrir les réflexions scientifiques sur l'impact de l'entrepreneuriat éducatif et à soutenir la production de nouvelles connaissances dans ce domaine.

4. Aperçu de la structure du livre

Le livre que nous proposons s'articule autour de quatre chapitres principaux qui explorent l'entrepreneuriat éducatif sous différents angles : ses fondements théoriques, les compétences nécessaires à l'innovation et à l'entrepreneuriat, son rôle dans la résolution des défis communautaires ainsi que l'évaluation et les recommandations pour une pratique efficace. L'objectif est d'analyser en profondeur l'impact de l'entrepreneuriat éducatif sur les élèves et les communautés, en intégrant des perspectives théoriques, empiriques et pratiques, tout en fournissant des recommandations concrètes pour les acteurs clés du secteur éducatif.

Chaque chapitre est construit sur une méthodologie spécifique, combinant recherche documentaire, études de cas, et interviews d'experts et de praticiens. Le fil conducteur qui relie l'ensemble du livre est l'idée que l'entrepreneuriat éducatif, bien plus qu'une simple discipline académique, constitue un levier essentiel pour le développement des compétences personnelles et sociales des élèves et joue un rôle clé dans le développement économique et social des communautés. À travers chaque chapitre, nous visons à démontrer comment l'entrepreneuriat éducatif peut résoudre des problématiques locales et à offrir des solutions concrètes pour une mise en œuvre effective dans les systèmes éducatifs.

Chapitre 1 : Fondements théoriques de l'entrepreneuriat éducatif.

Objectif : Le premier chapitre sert à poser les bases théoriques de l'entrepreneuriat éducatif, en clarifiant ses concepts, ses origines et ses évolutions et en établissant sa pertinence dans l'éducation moderne. Il explore les théories de l'entrepreneuriat et comment ces dernières peuvent être adaptées et appliquées dans un contexte éducatif pour renforcer les compétences entrepreneuriales des élèves.

Contenu : Définition et évolution du concept d'entrepreneuriat éducatif : Ce chapitre débute par une analyse approfondie de la notion d'entrepreneuriat éducatif, retraçant son évolution depuis les premières initiatives dans les années 1980 jusqu'aux politiques éducatives actuelles qui intègrent cette discipline comme une compétence fondamentale. Théories sous-jacentes à l'entrepreneuriat éducatif : L'examen des principales théories entrepreneuriales telles que celles de Schumpeter, de Kirzner, et des approches contemporaines comme le Lean Startup et le Design Thinking. Ce point analyse comment ces théories sont transposées dans les pratiques pédagogiques pour encourager la créativité, l'innovation et l'esprit d'entreprise chez les élèves. L'entrepreneuriat éducatif dans un contexte global : Une exploration des diverses approches internationales et des politiques publiques qui intègrent l'entrepreneuriat dans les systèmes éducatifs, en particulier dans les pays en développement où cette discipline peut contribuer à répondre à des enjeux socio-économiques majeurs.

Méthodologie : Ce chapitre repose principalement sur une recherche documentaire approfondie, en combinant des revues de littérature académiques et des études de cas provenant de diverses régions du monde avec un accent particulier sur les approches mises en œuvre dans des contextes de développement. Des entretiens qualitatifs avec des experts et des éducateurs ont été aussi menés pour enrichir la discussion.

Chapitre 2 : Les compétences essentielles pour innover et entreprendre.

Objectif : Le deuxième chapitre se concentre sur les compétences que l'entrepreneuriat éducatif cherche à développer chez les élèves. Il s'intéresse à la manière dont ces compétences (qu'elles soient personnelles, sociales ou professionnelles) sont transmises à travers les programmes éducatifs et comment elles influencent la capacité des jeunes à innover, entreprendre et résoudre des problèmes.

Contenu : Compétences entrepreneuriales de base : Ce chapitre définira les compétences clés nécessaires à l'entrepreneuriat, telles que la créativité, la résilience, la capacité de prise de risque, la gestion des échecs et la capacité à saisir les opportunités.

Approches pédagogiques pour développer ces compétences : L'accent sera mis sur les méthodes pédagogiques et les stratégies d'enseignement adaptées pour cultiver ces compétences telles que l'apprentissage par projet, les incubateurs d'entreprises scolaires et les hackathons éducatifs.

Compétences transversales et leur impact sur la société : En plus des compétences strictement entrepreneuriales, ce chapitre traitera des compétences transversales que l'entrepreneuriat éducatif aide à développer, comme le travail d'équipe, la communication et la pensée critique et leur impact sur la construction du citoyen actif et engagé dans la société.

Méthodologie : Ce chapitre combine des études de cas concrètes de programmes éducatifs qui ont démontré l'efficacité de ces compétences dans des contextes réels. Des enquêtes quantitatives et des interviews approfondies avec des élèves, des enseignants et des experts seront utilisées pour analyser l'acquisition et l'application de ces compétences sur le terrain.

Chapitre 3 : Entrepreneuriat éducatif et résolution des défis communautaires

Objectif : Ce chapitre explore le lien direct entre l'entrepreneuriat éducatif et les défis communautaires. L'objectif est de montrer comment les compétences entrepreneuriales acquises à travers l'éducation peuvent être utilisées pour résoudre des problématiques locales telles que le chômage, la pauvreté, l'inefficacité des services publics et la dégradation de l'environnement.

Contenu : Rôle de l'entrepreneuriat éducatif dans les communautés : L'analyse des projets menés par de jeunes entrepreneurs issus de programmes éducatifs et comment ceux-ci ont contribué à des solutions innovantes aux problèmes sociaux et économiques de leur communauté.

Exemples de projets communautaires et entrepreneuriaux : Des études de cas sur des projets réussis qui ont non seulement contribué à résoudre des défis locaux, mais ont aussi renforcé l'esprit d'entrepreneuriat chez les jeunes (projets de développement durable, micro-entreprises communautaires, initiatives pour la santé, etc.).

Le rôle de l'État et des organisations dans la facilitation de ces projets : L'impact des politiques publiques, des ONG et des partenariats privés-publics dans la promotion de l'entrepreneuriat éducatif pour le développement communautaire.

Méthodologie : Dcs études de terrain seront conduites pour étudier des projets communautaires réels. Des interviews avec des entrepreneurs sociaux, des responsables de politiques publiques et des éducateurs permettront de mieux comprendre le rôle de l'entrepreneuriat dans la résolution des défis communautaires. En outre, des enquêtes sur l'impact des projets entrepreneuriaux sur les communautés locales seront réalisées.

Chapitre 4 : Évaluation et recommandations pour une pratique efficace

Objectif : Le dernier chapitre évalue l'efficacité des programmes d'entrepreneuriat éducatif à travers une analyse critique des pratiques actuelles. Il propose ensuite des recommandations stratégiques pour améliorer la mise en œuvre de l'entrepreneuriat dans les systèmes éducatifs, tant au niveau pédagogique qu'au niveau politique et institutionnel.

Contenu : Évaluation de l'efficacité des programmes existants : Une analyse des résultats obtenus par les différents programmes éducatifs entrepreneuriaux dans le monde, en mesurant leur impact sur les compétences des élèves, leur insertion professionnelle et leur engagement communautaire.

Facteurs de réussite et d'échec : Ce chapitre mettra en évidence les facteurs clés qui déterminent la réussite ou l'échec des programmes éducatifs entrepreneuriaux, y compris la formation des enseignants, la disponibilité des ressources et le soutien institutionnel.

Recommandations pour une mise en œuvre plus efficace : Des stratégies pratiques seront proposées pour améliorer l'intégration de l'entrepreneuriat dans les curricula, y compris la formation continue des enseignants, la création de partenariats avec le secteur privé et l'adaptation des programmes aux besoins locaux.

Méthodologie : Ce chapitre s'appuie sur une analyse comparative des meilleures pratiques à travers le monde et une évaluation des politiques publiques. Il inclura également des recommandations basées sur les données recueillies lors des études de cas et des interviews précédentes.

Chapitre 1 : FONDEMENTS THÉORIQUES DE L'ENTREPRENEURIAT ÉDUCATIF

Introduction

L'entrepreneuriat éducatif, en tant que champ d'étude et de pratique, émerge comme un vecteur crucial dans la préparation des générations futures à naviguer dans un monde complexe, en constante mutation. À une époque marquée par des défis socio-économiques mondiaux et des transitions technologiques fulgurantes, il devient impératif que l'éducation ne se limite plus à la simple transmission de savoirs théoriques, mais qu'elle incite également à l'autonomie, à l'innovation et à la gestion proactive de l'incertitude. L'entrepreneuriat éducatif se positionne alors comme un levier stratégique, permettant non seulement de former des individus capables d'entreprendre des projets économiques, mais aussi de développer des compétences comportementales et cognitives essentielles à la résolution de problèmes globaux. Ce chapitre a pour objectif d'explorer les fondements théoriques et analytiques de l'entrepreneuriat éducatif, en posant les bases nécessaires pour comprendre ses implications tant pédagogiques que socio-économiques.

Dans une première approche, nous définirons l'entrepreneuriat éducatif en nous appuyant sur une revue approfondie des théories et des modèles existants. Cette définition ne se limite pas à la vision conventionnelle de l'entrepreneuriat comme une simple activité économique, mais englobe également la dimension éducative qui encourage la prise d'initiative, l'innovation et la gestion des risques. Nous avons exploré comment l'entrepreneuriat éducatif dépasse la simple formation à la création d'entreprise pour se concevoir comme un processus global d'apprentissage centré sur l'autonomie et la pensée critique. Cette approche a mis en perspective avec des concepts voisins tels que l'entrepreneuriat social et l'entrepreneuriat d'entreprise. Bien que ces derniers partagent des objectifs communs de changement social et économique, leurs méthodologies et leurs finalités diffèrent, en particulier en ce qui concerne l'éducation, la formation et la préparation des individus à l'action entrepreneuriale.

En parallèle, nous examinons les théories sous-jacentes à l'entrepreneuriat éducatif. La théorie du capital humain, notamment, souligne l'importance de l'éducation comme moteur de productivité et d'innovation, affirmant que l'investissement dans les compétences entrepreneuriales permet d'accroître la compétitivité des individus et des sociétés. D'autre part, la théorie du capital social met en avant l'importance des réseaux et des connexions dans la réussite entrepreneuriale, suggérant que l'entrepreneuriat éducatif doit également favoriser l'interconnexion et la collaboration entre acteurs économiques et sociaux. Ce chapitre analyse la manière dont ces théories se croisent pour façonner l'approche de l'entrepreneuriat éducatif, en favorisant une vision globale et intégrée du processus d'apprentissage.

Dans un deuxième temps, ce chapitre s'intéresse aux méthodologies pédagogiques couramment utilisées pour enseigner l'entrepreneuriat. L'apprentissage par l'action, l'étude de cas et les simulations d'entreprises sont analysés comme des approches pédagogiques visant à rendre l'apprentissage plus concret et appliqué. Ces méthodologies sont en parfaite adéquation avec les objectifs de l'entrepreneuriat éducatif, qui vise à cultiver des compétences transversales et à permettre aux étudiants de se confronter à la réalité des défis entrepreneuriaux. Au-delà de l'enseignement des aspects techniques de la gestion d'entreprise, l'entrepreneuriat éducatif se concentre sur l'acquisition de compétences comportementales telles que la gestion de l'incertitude, la créativité, la résilience et la collaboration.

Enfin, ce chapitre met en lumière les liens entre l'entrepreneuriat éducatif et les autres formes d'entrepreneuriat, notamment l'entrepreneuriat social et l'entrepreneuriat d'entreprise. Si l'entrepreneuriat d'entreprise se focalise sur la création de valeur économique et l'innovation commerciale, l'entrepreneuriat social met en priorité la création de valeur sociale, en s'engageant activement dans la résolution de problèmes sociétaux. L'entrepreneuriat éducatif, quant à lui, agit à la croisée de ces deux dimensions, en formant des individus capables de transformer des idées en projets concrets tout en intégrant des préoccupations sociales et environnementales. Cette approche transversale soulève des questions cruciales sur la finalité de l'éducation entrepreneuriale qui doit permettre à chaque acteur de devenir un agent de changement dans son environnement social et économique.

Ce chapitre s'efforce de démontrer l'importance de l'entrepreneuriat éducatif comme un outil de transformation, tant au niveau individuel que sociétal. En offrant une analyse théorique approfondie, il aspire à poser les bases d'une réflexion sur les pratiques pédagogiques les plus adaptées pour enseigner l'entrepreneuriat, en tenant compte des contextes locaux et mondiaux. Cette réflexion permet ainsi d'appréhender les enjeux complexes liés à la formation entrepreneuriale dans un monde en constante évolution.

Dans les chapitres suivants, nous avons approfondi les implications pratiques de cette approche théorique, en explorant comment l'entrepreneuriat éducatif peut être mis en œuvre à différents niveaux de l'éducation, et comment il peut contribuer de manière significative à la résolution des défis communautaires et au développement économique.

I.1. DÉFINITION DE L'ENTREPRENEURIAT ÉDUCATIF

L'entrepreneuriat éducatif est une notion de plus en plus présente dans les débats académiques, politiques et sociaux, notamment en raison de son rôle croissant dans le développement des compétences des individus et dans la transformation des sociétés contemporaines. Si l'entrepreneuriat en tant que discipline a longtemps été associé à la création d'entreprises commerciales, l'émergence de l'entrepreneuriat éducatif a élargi cette vision, le définissant comme un processus éducatif qui vise à développer des compétences spécifiques, favorisant l'innovation, la prise d'initiative, la résolution de problèmes complexes et la gestion de projets. Il représente donc un domaine d'enseignement qui se distingue d'autres formes d'entrepreneuriat par son orientation vers la formation des jeunes générations, leur permettant d'acquérir non seulement des connaissances théoriques, mais aussi des compétences pratiques, comportementales et cognitives essentielles pour naviguer dans un monde en constante évolution.

I.1.1 Concept et fondements théoriques de l'entrepreneuriat éducatif

L'entrepreneuriat éducatif, tel que défini par de nombreux chercheurs dans le domaine (Heinonen & Poikkijoki, 2006 ; Matlay, 2008), désigne un processus systématique d'enseignement et d'apprentissage des compétences entrepreneuriales, qui inclut aussi bien la gestion d'entreprise que l'aptitude à innover dans des contextes diversifiés. Cette approche vise à inculquer aux élèves les principes et pratiques de l'entrepreneuriat tout en insistant sur des compétences transversales telles que la créativité, la gestion des risques, la résilience, l'autonomie et la capacité à travailler en équipe. Ces compétences sont nécessaires non seulement pour ceux qui souhaitent créer une entreprise, mais également pour ceux qui évolueront dans des environnements professionnels où l'innovation et l'adaptabilité sont des conditions de réussite.

L'une des premières définitions de l'entrepreneuriat éducatif en tant que concept a été proposée par Gorman et al. (1997), qui le décrivent comme un processus d'intégration des principes entrepreneuriaux dans les curricula éducatifs, visant à renforcer la capacité des étudiants à gérer des projets, à identifier des opportunités et à assumer des rôles de leadership dans divers domaines de la société. Cette vision a été enrichie par des chercheurs comme Pittaway et Cope (2007) qui ont mis en lumière le fait que l'entrepreneuriat éducatif doit être vu comme un ensemble d'approches pédagogiques qui non seulement développent des compétences techniques en matière de gestion d'entreprise, mais aussi encouragent la pensée critique et la réflexion sur des questions de société, d'éthique et de durabilité.

Ainsi, l'entrepreneuriat éducatif va au-delà de la simple formation à la création d'entreprises. Il incarne une approche pédagogique globale, qui consiste à stimuler l'esprit entrepreneurial des élèves, leur permettant ainsi de répondre à des défis économiques, sociaux et environnementaux de manière proactive et innovante. Selon Kirby (2004), l'objectif principal de l'entrepreneuriat éducatif est de préparer les étudiants à un monde où les changements sont rapides, les opportunités multiples et où l'adaptabilité et la capacité à entreprendre sont cruciales pour leur réussite professionnelle.

I.1.2 Comparaison avec d'autres formes d'entrepreneuriat

La dynamique entrepreneuriale se manifeste sous diverses formes, chacune répondant à des objectifs, des contextes et des finalités spécifiques. Alors que l'entrepreneuriat traditionnel se concentre principalement sur la création de valeur économique et l'innovation commerciale, des formes émergentes telles que l'entrepreneuriat social, l'entrepreneuriat d'entreprise et l'entrepreneuriat axé sur le développement durable réinventent les paradigmes classiques. Ces variantes explorent des avenues distinctes en conciliant les impératifs économiques avec des enjeux sociaux, environnementaux et organisationnels.

Ce point se propose d'examiner ces formes d'entrepreneuriat afin de mieux comprendre leurs spécificités et leur interaction avec les principes fondamentaux de l'éducation entrepreneuriale. La mise en évidence de l'entrepreneuriat social met en lumière l'accent placé sur la résolution de problématiques sociétales tandis que l'entrepreneuriat d'entreprise illustre l'intégration des démarches entrepreneuriales au sein des structures organisationnelles établies. Enfin, l'entrepreneuriat en lien avec le développement durable permet d'indiquer l'importance croissante d'un engagement en faveur de la durabilité dans les initiatives entrepreneuriales modernes. Cette comparaison vise à enrichir la réflexion sur l'approche éducative en entrepreneuriat, en indiquant la nécessité d'adapter les curricula pour préparer les élèves à un environnement entrepreneurial de plus en plus diversifié et exigeant.

I.1.2.1 Entrepreneuriat social

L'entrepreneuriat social, bien qu'il partage certains éléments avec l'entrepreneuriat éducatif, se distingue par son objectif principal : générer un impact social positif plutôt que purement économique. L'entrepreneuriat social, selon Yunus (2007), implique la création d'entreprises qui ne visent pas uniquement la rentabilité, mais cherchent à résoudre des problèmes sociaux tels que la pauvreté, l'inégalité et les problématiques environnementales. Dans ce sens, l'entrepreneuriat social est intrinsèquement lié aux valeurs d'inclusion, de durabilité et d'éthique, visant à créer des solutions bénéfiques pour la société dans son ensemble.

Bien que l'entrepreneuriat éducatif puisse inclure des dimensions sociales, particulièrement dans le cadre de projets d'impact communautaire ou d'entreprises à but social, sa portée est plus large. Il inclut à la fois les compétences nécessaires pour réussir dans un environnement entrepreneurial compétitif et celles liées à la création de valeur sociale. Ainsi, l'entrepreneuriat éducatif offre-t-il aux élèves une formation complète qui les prépare non seulement à diriger des entreprises à but lucratif, mais aussi à devenir des acteurs de changement social, tout en étant capables de penser à la fois au bien-être économique et social.

I.1.2.2 Entrepreneuriat d'entreprise

L'entrepreneuriat d'entreprise se réfère à l'ensemble des processus de création, de gestion et de développement de nouvelles entreprises, souvent axées sur l'innovation, la compétitivité et la rentabilité économique. En revanche, l'entrepreneuriat éducatif ne se limite pas à ces aspects spécifiques. Tandis que l'entrepreneuriat d'entreprise met l'accent sur les mécanismes de création d'entreprises viables et rentables, l'entrepreneuriat éducatif inclut également des pratiques pédagogiques visant à transmettre des compétences entrepreneuriales transversales, comme la gestion du risque, la gestion des ressources humaines, la capacité à s'adapter à des environnements changeants et la résilience face à l'échec.

L'un des défis majeurs dans l'enseignement de l'entrepreneuriat éducatif réside dans le fait qu'il doit dépasser la simple formation en gestion d'entreprise pour intégrer des principes de gestion stratégique, de marketing, de finance, mais aussi des compétences humaines et comportementales qui favorisent l'employabilité dans des contextes professionnels variés. Selon Rasmussen et Sørheim (2006), l'entrepreneuriat éducatif doit viser à créer une mentalité entreprencuriale chez les étudiants, une approche plus flexible et proactive que celle de l'entrepreneuriat d'entreprise.

I.1.2.3 Entrepreneuriat et développement durable

Un autre domaine où l'entrepreneuriat éducatif prend de l'importance est celui du développement durable. Dans le cadre de l'entrepreneuriat éducatif, le développement durable est souvent abordé sous l'angle de l'innovation sociale et de l'entrepreneuriat vert, dans le but de promouvoir la création d'entreprises ayant un impact environnemental positif tout en répondant aux besoins des communautés locales. L'introduction des concepts de durabilité et de responsabilité dans les programmes d'entrepreneuriat éducatif est particulièrement pertinente dans un monde où la crise climatique et les défis écologiques sont au cœur des préoccupations mondiales. Comme l'affirment Heinonen et Poikkijoki (2006), l'entrepreneuriat éducatif doit intégrer ces problématiques afin de préparer les étudiants à prendre des décisions éclairées et responsables dans la création de projets, entreprises et solutions innovantes.

La comparaison avec d'autres formes d'entrepreneuriat comme l'entrepreneuriat social, l'entrepreneuriat d'entreprise et l'entrepreneuriat axé sur le développement durable, met en lumière la diversité et la complémentarité des approches entrepreneuriales. Chacune, en répondant à des finalités spécifiques, enrichit la compréhension globale de l'entrepreneuriat et montre l'importance d'une éducation adaptée pour former des acteurs capables d'innover tout en répondant aux enjeux économiques, sociaux et environnementaux contemporains.

1.2 CONCEPTIONS MONDIALES ET LOCALES DE L'ENTREPRENEURIAT ÉDUCATIF

L'entrepreneuriat éducatif, en tant que discipline, se manifeste sous des formes variées à l'échelle mondiale et locales façonnées par des contextes culturels, économiques et sociaux distincts. Les conceptions mondiales de l'entrepreneuriat éducatif s'inscrivent souvent dans une logique d'innovation, de compétitivité et de développement durable, visant à préparer les apprenants à une économie globalisée. À l'échelle locale, ces conceptions peuvent être adaptées pour répondre aux besoins spécifiques d'un environnement donné, en tenant compte des défis sociaux et des opportunités économiques uniques. L'interaction entre ces perspectives globales et locales permet de construire un modèle d'entrepreneuriat éducatif véritablement pertinent et efficace pour chaque contexte.

1.2.1 Conception mondiale de l'entrepreneuriat éducatif

À l'échelle mondiale, l'entrepreneuriat éducatif est perçu de manière diverse selon les contextes économiques, culturels et sociaux des pays. Dans les pays développés, l'accent est mis sur le développement de compétences transversales et sur la capacité à innover dans des environnements compétitifs. En Europe, l'Union européenne a mis en place plusieurs initiatives, telles que la Stratégie de Lisbonne, qui visent à intégrer l'entrepreneuriat éducatif dans les systèmes éducatifs pour développer des compétences entrepreneuriales dès le plus jeune âge (European Commission, 2010). L'entrepreneuriat éducatif y est perçu comme un moyen d'encourager la mobilité professionnelle et de favoriser la création de start-ups à fort potentiel.

I.2.2 Conception locale de l'entrepreneuriat éducatif

Dans les pays en développement, l'entrepreneuriat éducatif prend une dimension plus pragmatique, visant à répondre à des défis spécifiques tels que le chômage des jeunes, la pauvreté et l'instabilité économique. Dans des régions comme l'Afrique, l'entrepreneuriat éducatif est perçu comme un levier de développement économique et social, capable de former les jeunes à la gestion d'entreprises et à la création d'emplois dans des secteurs stratégiques. Des programmes éducatifs axés sur l'entrepreneuriat sont de plus en plus intégrés dans les curricula scolaires, notamment en Afrique subsaharienne, où des initiatives comme le programme « Entrepreneurship Education for Africa » ont vu le jour pour promouvoir les compétences entrepreneuriales et encourager l'innovation locale.

L'entrepreneuriat éducatif est un concept dynamique et évolutif qui s'est diversifié en fonction des contextes locaux et mondiaux. En tant que domaine d'étude et de pratique, il dépasse la simple formation à la création d'entreprises et englobe des compétences transversales qui préparent les étudiants à relever les défis contemporains de manière innovante et responsable. L'entrepreneuriat éducatif joue un rôle fondamental dans la formation de la prochaine génération de leaders capables de créer des entreprises, de résoudre des problèmes sociaux et environnementaux, et de contribuer au développement économique et durable de leurs communautés et au-delà.

I.3. ÉVOLUTION HISTORIQUE DE L'ENTREPRENEURIAT ÉDUCATIF

L'évolution de l'enseignement de l'entrepreneuriat est marquée par plusieurs étapes clés qui ont permis de façonner les pratiques et les politiques éducatives dans le monde entier. L'entrepreneuriat éducatif, bien qu'ayant des racines profondes dans la tradition académique, n'a réellement commencé à prendre forme qu'au cours du XXe siècle, notamment à partir des années 1980, lorsque des chercheurs ont commencé à explorer les liens entre entrepreneuriat, innovation et éducation (Kuratko, 2005). Le domaine a progressivement évolué, d'abord dans les institutions d'enseignement supérieur, avant de s'étendre aux niveaux secondaires et primaires, alimenté par la reconnaissance croissante de l'importance de l'entrepreneuriat pour le développement économique et social.

La première vague d'intégration de l'entrepreneuriat dans l'éducation a été principalement influencée par les travaux de pionniers tels que Schumpeter (1934) qui a introduit la notion d'entrepreneur comme moteur de l'innovation et du changement économique. Cependant, ce n'est qu'à partir des années 1970 et 1980 que l'entrepreneuriat éducatif a pris une place plus concrète dans les curricula académiques, en particulier dans les écoles de commerce des États-Unis. Les premières écoles de commerce à avoir intégré l'entrepreneuriat dans leur programme ont mis l'accent sur la création de nouvelles entreprises et la gestion des petites entreprises (Drucker, 1985). Cette approche était centrée sur la préparation des étudiants à devenir des entrepreneurs à succès dans un environnement de marché libre.

À la fin des années 1980 et au début des années 1990, avec l'essor de l'économie mondialisée et l'accent mis sur la compétitivité, les politiques éducatives se sont orientées vers l'intégration de l'entrepreneuriat dans des contextes plus larges, en se concentrant sur l'innovation, l'esprit d'initiative et les compétences transversales qui favorisent la création d'entreprise. C'est à ce moment-là que l'OCDE a commencé à se pencher sur la question et a mis en place plusieurs études pour évaluer l'importance de l'entrepreneuriat dans le système éducatif mondial (OCDE, 2009). Un rapport clé de la Commission Européenne en 2006 a souligné que l'entrepreneuriat était essentiel pour favoriser la croissance économique et la création d'emplois dans l'UE, suggérant qu'il devait être intégré dans les programmes scolaires dès le plus jeune âge (European Commission, 2006).

L'extension de l'éducation à l'entrepreneuriat à des niveaux inférieurs a également été influencée par la reconnaissance que l'entrepreneuriat ne se limite pas à la création de nouvelles entreprises. Les théories plus récentes, comme celles développées par Fayolle et Gailly (2008), ont souligné l'importance d'encourager les compétences entrepreneuriales telles que la prise de risques calculée, la résilience, et l'innovation dans une variété de contextes professionnels. Ces compétences, désormais considérées comme des atouts universels, ne se limitent pas à ceux qui souhaitent lancer leur propre entreprise, mais s'appliquent également dans des environnements d'affaires établis, dans des organisations à but non lucratif et même dans les institutions gouvernementales.

Au début du XXIe siècle, avec la mondialisation et l'émergence de nouvelles technologies, les concepts d'entrepreneuriat social et d'entrepreneuriat communautaire ont également pris de l'importance dans le domaine éducatif. L'entrepreneuriat éducatif a évolué pour inclure non seulement la création d'entreprise, mais aussi l'impact social et la résolution de problèmes sociaux par des initiatives entrepreneuriales. Des mouvements comme ceux d'Akhtar et al. (2014) ont souligné que l'entrepreneuriat pouvait également être une force motrice pour aborder des défis sociaux, économiques et environnementaux à l'échelle locale et mondiale.

Les réformes éducatives en matière d'entrepreneuriat ont été nombreuses, avec des initiatives nationales et internationales cherchant à renforcer les capacités entrepreneuriales des élèves. Des rapports comme celui de Lackéus (2015) de l'OCDE ont plaidé pour une approche pédagogique plus intégrée et continue, dans laquelle les compétences entrepreneuriales sont enseignées tout au long du parcours éducatif, de l'école primaire à l'université. En conséquence, l'entrepreneuriat est progressivement devenu un élément central de la stratégie éducative de nombreux pays, reflétant la conviction croissante qu'il joue un rôle crucial dans le développement de sociétés dynamiques et compétitives.

À partir des années 2010, l'approche de l'éducation entrepreneuriale a également mis l'accent sur l'innovation sociale, en introduisant des concepts comme l'entrepreneuriat durable et responsable, qui ont encouragé les élèves à développer des idées d'affaires visant à résoudre des problèmes sociaux et environnementaux (Bae et al., 2014). La capacité à innover de manière responsable et à appliquer des principes éthiques dans les pratiques entrepreneuriales est devenue un sujet d'étude majeur dans l'enseignement supérieur, à mesure que les attentes de la société à l'égard des entreprises évoluaient.

Les politiques éducatives, influencées par ces développements théoriques et pratiques, ont cherché à intégrer ces nouvelles dimensions de l'entrepreneuriat. Par exemple, dans l'UE, des initiatives comme l'Action Plan for Entrepreneurship (2016) ont cherché à améliorer la pédagogie et les pratiques d'enseignement pour rendre l'entrepreneuriat accessible à un plus grand nombre d'étudiants. Cette politique se concentre sur l'intégration des compétences entrepreneuriales dans des disciplines non économiques, ouvrant ainsi l'éducation entrepreneuriale à un public plus large.

Enfin, l'impact de la mondialisation et des évolutions technologiques a donné naissance à de nouvelles perspectives sur la manière dont l'entrepreneuriat est enseigné. Avec l'avènement des technologies numériques et des plateformes en ligne, l'éducation entrepreneuriale a désormais un accès plus large, permettant à un nombre accru d'individus dans des régions du monde auparavant exclues d'explorer et de développer des idées d'entreprise via des formations à distance et des plateformes de formation en ligne. L'évolution de l'entrepreneuriat éducatif continue donc de se diversifier, répondant aux besoins d'une économie mondiale en constante mutation.

I.4. THÉORIES ET APPROCHES PÉDAGOGIQUES APPLIQUÉES À L'ENTREPRENEURIAT

L'entrepreneuriat éducatif est une discipline en constante évolution, s'adaptant aux besoins du marché, aux changements économiques mondiaux, et aux avancées pédagogiques. Les théories et approches pédagogiques appliquées à l'entrepreneuriat visent à fournir aux apprenants les compétences nécessaires pour identifier des opportunités, développer des idées, créer des entreprises, et résoudre des problèmes complexes. Ce chapitre explore en détail les principales approches pédagogiques appliquées à l'entrepreneuriat, telles que la pédagogie active, l'apprentissage par projet, la méthode Lean Startup, le Design Thinking et d'autres méthodes innovantes. Une attention particulière sera portée à la comparaison de ces approches, à leurs impacts sur l'éducation entrepreneuriale et à la présentation d'applications concrètes.

I.4.1. Pédagogie active

La pédagogie active repose sur l'idée que les étudiants sont les acteurs principaux de leur propre apprentissage. Elle se distingue des méthodes traditionnelles où l'enseignant transmet un savoir de manière unidirectionnelle. Dans la pédagogie active, l'apprenant doit participer activement au processus d'apprentissage en prenant des décisions, en résolvant des problèmes, et en engageant des discussions. Cette approche est particulièrement pertinente dans l'enseignement de l'entrepreneuriat, car elle encourage l'apprentissage par l'expérience et le développement de compétences pratiques qui sont essentielles pour réussir dans le monde entrepreneurial.

- ***Caractéristiques et méthodes*** : Les principales caractéristiques de la pédagogie active incluent l'usage de techniques comme les jeux de rôle, les simulations d'entreprises, les études de cas et les discussions de groupe. Par exemple, dans un contexte entrepreneurial, les étudiants peuvent être amenés à simuler le lancement d'une startup, à réfléchir aux risques associés, à identifier les marchés cibles ou à élaborer des plans d'affaires. Le rôle de l'enseignant dans cette approche est celui de facilitateur, aidant les étudiants à structurer leur réflexion et à apprendre de leurs erreurs.

- ***Impact sur l'éducation entrepreneuriale*** : L'application de la pédagogie active en éducation entrepreneuriale a montré qu'elle développe une meilleure compréhension des concepts théoriques, en les reliant directement à la pratique. Des études menées par Hynes et Richardson (2007) ont démontré que cette approche favorise une plus grande créativité et une meilleure prise de décision chez les étudiants. Elle permet également de renforcer des compétences clés telles que la gestion du temps, la collaboration et la résolution de problèmes.

I.4.2. Apprentissage par projet

L'apprentissage par projet (APP) est une approche qui repose sur la réalisation d'un projet concret, souvent en équipe, permettant aux étudiants de travailler sur des problématiques réelles. Dans le domaine de l'entrepreneuriat, cette approche est essentielle, car elle simule les conditions d'un environnement d'affaires où les entrepreneurs doivent résoudre des défis complexes tout en gérant des ressources limitées.

- ***Caractéristiques et méthodes*** : L'APP implique généralement plusieurs étapes : la définition du projet, la planification, l'exécution, et l'évaluation des résultats. Par exemple, dans un cours d'entrepreneuriat, un projet pourrait consister à créer un plan d'affaires pour une nouvelle entreprise. Les étudiants doivent rechercher des données, élaborer des stratégies marketing, analyser les risques financiers et évaluer la viabilité de l'entreprise.
- ***Impact sur l'éducation entrepreneuriale*** : Cette méthode a des effets positifs sur l'engagement des étudiants et leur capacité à travailler en équipe. Selon un rapport de l'OCDE (2008), l'apprentissage par projet favorise le développement de compétences transversales et permet aux étudiants de mieux comprendre le processus de création d'entreprise. Il est également efficace pour l'intégration de multiples compétences entrepreneuriales, telles que la gestion des ressources, la prise de décision stratégique et la capacité à faire face à l'incertitude.

I.4.3. Méthode Lean Startup

La méthode Lean Startup, popularisée par Eric Ries (2011), est une approche de création d'entreprise qui repose sur des principes d'innovation rapide et de validation itérative. Dans un cadre éducatif, cette méthode est utilisée pour aider les étudiants à concevoir des entreprises de manière rapide, expérimentale, et centrée sur le client.

- ***Caractéristiques et méthodes*** : Le principe central de la méthode Lean Startup est la validation d'idées entrepreneuriales à travers des expérimentations et des retours constants des utilisateurs. Les étudiants sont invités à créer des « produits minimums viables » (PMV), à tester ces produits sur le marché, puis à itérer leur modèle d'affaires en fonction des retours des clients. Cela contraste avec les approches traditionnelles où les entreprises sont souvent lancées sans un processus rigoureux de test préalable.
- ***Impact sur l'éducation entrepreneuriale*** : Cette approche favorise une culture de l'expérimentation et de l'adaptation. Elle apprend aux étudiants à échouer rapidement, à apprendre de leurs erreurs, et à réagir rapidement aux besoins du marché. Selon Blank (2013), l'application de la méthode Lean Startup dans l'éducation entrepreneuriale a montré des résultats positifs en termes de réactivité, de réduction des risques d'échec, et d'amélioration de l'innovation.

I.4.4. Design Thinking

Le Design Thinking est une approche de résolution de problèmes qui se concentre sur l'empathie avec l'utilisateur final, l'expérimentation et l'itération rapide. Il est souvent utilisé pour résoudre des problèmes complexes de manière créative et collaborative. Dans le cadre de l'éducation entrepreneuriale, cette approche est utilisée pour aider les étudiants à concevoir des solutions innovantes en se concentrant sur les besoins et désirs des utilisateurs finaux.

- ***Caractéristiques et méthodes*** : Le Design Thinking suit plusieurs étapes clés : l'empathie (compréhension des besoins des utilisateurs), la définition du problème, l'idéation (génération d'idées créatives), le prototypage et enfin le test des solutions. Les étudiants dans un programme d'entrepreneuriat peuvent utiliser ces étapes pour développer des produits ou services en réponse à des défis sociaux ou environnementaux.
- ***Impact sur l'éducation entrepreneuriale*** : L'application du Design Thinking dans l'éducation entrepreneuriale a été démontrée comme favorisant la créativité et la pensée critique. L'approche aide les étudiants à mieux comprendre les besoins des clients

et à développer des solutions plus adaptées aux défis sociaux et économiques. Elle est également efficace pour stimuler l'innovation et la collaboration au sein des équipes. Des études menées par Brown (2009) ont révélé que les étudiants utilisant cette méthode sont mieux préparés à affronter les défis complexes du marché.

I.4.5. Comparaison des approches pédagogiques

Les approches pédagogiques explorées dans ce chapitre ont toutes des avantages distincts, mais elles partagent un objectif commun : développer chez les étudiants les compétences entrepreneuriales nécessaires à leur succès futur.

- ***Pédagogie active vs Apprentissage par projet*** : Les deux approches impliquent un apprentissage expérientiel, mais l'APP est plus centrée sur la résolution d'un problème ou la création d'un projet réel, tandis que la pédagogie active peut inclure des techniques comme les simulations ou les études de cas. L'APP peut être plus engageante, car elle implique souvent un produit tangible à la fin du projet, tandis que la pédagogie active permet une plus grande flexibilité dans la conception des activités pédagogiques.

- ***Méthode Lean Startup vs Design Thinking*** : La méthode Lean Startup se concentre sur la validation rapide d'idées avec une forte orientation vers le marché et les retours des clients. En revanche, le Design Thinking met l'accent sur l'empathie et la compréhension approfondie des besoins des utilisateurs avant de proposer des solutions. Bien que les deux approches encouragent l'expérimentation et l'itération, le Design Thinking est plus orienté vers la recherche de solutions créatives et humaines tandis que Lean Startup est axé sur la validation rapide et la réduction du risque d'échec.

I.4.6. Études théoriques et pratiques sur l'efficacité de ces approches

Des études empiriques sur l'application de ces méthodes dans l'éducation entrepreneuriale montrent que chaque approche présente des avantages dans différents contextes. Par exemple, une étude de Jones et English (2004) sur l'utilisation de la pédagogie active dans les écoles de commerce a révélé une amélioration significative des compétences entrepreneuriales des étudiants. D'autre part, une étude de Morris et al. (2013) sur l'application de la méthode Lean Startup dans des incubateurs d'entreprises universitaires a montré qu'elle augmentait le taux de succès des start-ups issues de ces programmes. Le Design Thinking, quant à lui, a été prouvé pour améliorer la capacité des étudiants à générer des idées innovantes et à résoudre des problèmes complexes (Brown, 2009).

Les approches pédagogiques appliquées à l'entrepreneuriat sont variées et chacune présente des avantages uniques. La pédagogie active, l'apprentissage par projet, la méthode Lean Startup et le Design Thinking contribuent à former des entrepreneurs compétents, capables de s'adapter à un environnement de plus en plus complexe et compétitif. L'intégration de ces méthodes dans les programmes d'éducation entrepreneuriale est essentielle pour préparer les étudiants à répondre aux défis du monde entrepreneurial et social.

I.5. LIEN ENTRE ÉDUCATION ET ENTREPRENEURIAT : RÔLE DANS LE DÉVELOPPEMENT DES COMPÉTENCES

L'éducation joue un rôle fondamental dans le développement des compétences entrepreneuriales essentielles qui sont nécessaires non seulement à la création d'entreprises, mais également à la stimulation de l'innovation, de la compétitivité et de la durabilité dans l'économie moderne. Cette relation entre l'éducation et l'entrepreneuriat dépasse le simple apprentissage des compétences techniques liées à la gestion d'une entreprise ; elle englobe également des compétences plus larges et transversales telles que la créativité, la prise de décision, la gestion de risques, la communication, la résolution de problèmes complexes et la capacité à identifier et saisir des opportunités dans des contextes variés. Dans cette perspective, l'éducation joue un rôle primordial en tant que levier stratégique pour le développement économique local et global.

L'importance de l'entrepreneuriat éducatif dans la construction des compétences entrepreneuriales repose sur plusieurs piliers. En premier lieu, l'éducation entrepreneuriale permet aux étudiants de développer des compétences spécifiques liées à l'entrepreneuriat, telles que la gestion de projets, l'élaboration de business plans, la recherche de financement, et la gestion de la croissance d'une entreprise. Cependant, au-delà des compétences techniques, elle encourage également des compétences comportementales et cognitives, comme la capacité à prendre des initiatives, à travailler en équipe, à être résilient face aux échecs et à innover dans des environnements incertains. Cette dimension plus large de l'éducation entrepreneuriale permet aux étudiants de devenir des individus capables de s'adapter à un monde en constante évolution, dans lequel l'innovation et la flexibilité sont des atouts essentiels pour réussir.

I.5.1. L'éducation entrepreneuriale comme moteur de compétences transversales

Le lien entre l'éducation et l'entrepreneuriat se construit principalement autour des compétences transversales que cette dernière permet de développer. Ces compétences sont des savoir-faire qui ne sont pas uniquement spécifiques à un domaine d'activité particulier, mais qui sont transférables à une multitude de contextes professionnels. Par exemple, la gestion de projet, l'analyse stratégique et la prise de décision sont des compétences essentielles non seulement pour les futurs entrepreneurs, mais également pour tout professionnel qui sera appelé à évoluer dans des environnements de plus en plus complexes. Les jeunes diplômés qui acquièrent ces compétences au travers de l'éducation entrepreneuriale sont ainsi mieux préparés à faire face aux défis économiques et sociaux contemporains.

Plus précisément, l'entrepreneuriat éducatif participe à la formation de compétences de leadership, d'initiative, de gestion de l'incertitude et de capacité à identifier des opportunités dans un monde caractérisé par l'innovation constante et les ruptures technologiques. Ces compétences sont particulièrement pertinentes dans les économies émergentes et les pays en développement où les défis socio-économiques sont souvent importants, mais où l'esprit entrepreneurial peut constituer un vecteur de changement durable. Par exemple, dans les régions rurales ou les zones en développement, l'entrepreneuriat éducatif peut permettre aux jeunes de développer des solutions locales aux défis quotidiens en créant des entreprises sociales ou des initiatives économiques adaptées aux besoins de leurs communautés.

Le rôle central de l'éducation dans la construction des compétences entrepreneuriales réside également dans son pouvoir à modeler des attitudes entrepreneuriales. L'éducation entrepreneuriale est en effet un vecteur de changement dans la manière dont les étudiants perçoivent les défis et les opportunités économiques. Au lieu de voir les difficultés économiques ou sociales comme des obstacles, les étudiants formés à l'entrepreneuriat sont plus enclins à percevoir ces défis comme des opportunités d'innovation et de création. Cette capacité à changer de perspective est cruciale dans un monde où l'adaptabilité et la flexibilité sont essentielles pour naviguer dans des environnements économiques souvent incertains.

I.5.2. L'impact des compétences acquises sur le développement économique local et global

Les compétences entrepreneuriales acquises à travers l'éducation ne bénéficient pas uniquement aux individus qui les développent, mais ont également un impact direct sur le développement économique local et global. D'une part, en permettant aux individus de créer des entreprises, l'éducation entrepreneuriale contribue à la création d'emplois et à la génération de richesses. De plus, ces entreprises jouent souvent un rôle clé dans le développement économique local en répondant à des besoins spécifiques et en stimulant l'innovation dans des secteurs variés, tels que l'agriculture, la santé, l'éducation ou les technologies.

D'autre part, les compétences entrepreneuriales permettent aux individus d'agir comme des catalyseurs de changement social et économique. Les entrepreneurs ne se contentent pas de créer des entreprises, mais participent également à la transformation de leur environnement en contribuant à des solutions innovantes pour résoudre des problèmes locaux. Par exemple, les entreprises sociales qui émergent dans des contextes de pauvreté ou de marginalisation peuvent avoir un impact profond sur la communauté en offrant des solutions aux problèmes d'accès à l'éducation, à la santé ou à l'infrastructure. Dans cette optique, l'entrepreneuriat éducatif devient un outil puissant pour l'inclusion sociale et économique.

Au niveau global, les compétences entrepreneuriales peuvent également contribuer à la compétitivité des nations dans l'économie mondiale. Les pays qui investissent dans l'éducation entrepreneuriale créent un environnement propice à l'innovation et à la création d'entreprises. Ces pays sont souvent mieux positionnés pour attirer des investissements étrangers et pour faire face à la concurrence internationale. En outre, les compétences entrepreneuriales permettent aux individus de s'adapter aux évolutions rapides des marchés mondiaux, en particulier dans un contexte de globalisation et de digitalisation croissante. Ainsi, l'éducation entrepreneuriale est un facteur de compétitivité à la fois local et global.

I.5.3. L'intégration de l'entrepreneuriat dans les curricula scolaires et universitaires

L'intégration de l'entrepreneuriat dans les curricula scolaires et universitaires représente un pas décisif vers la généralisation de l'enseignement entrepreneurial.

L'insertion de modules ou de programmes spécifiques dans les formations scolaires et universitaires permet aux étudiants de se familiariser avec les concepts clés de l'entrepreneuriat et de développer des compétences qui leur seront utiles tout au long de leur carrière. Cette approche permet également de sensibiliser les jeunes à l'entrepreneuriat dès leur plus jeune âge, leur offrant ainsi des opportunités pour se lancer dans l'entrepreneuriat ou simplement pour développer des compétences transférables qui seront utiles dans d'autres secteurs.

Cependant, l'intégration de l'entrepreneuriat dans les programmes scolaires et universitaires ne se limite pas à l'ajout de quelques cours sur l'entrepreneuriat. Elle implique également une révision des méthodes pédagogiques utilisées, en particulier l'adoption de méthodes pédagogiques actives, telles que l'apprentissage par projet, le business plan ou encore le design thinking. Ces approches permettent de rendre les étudiants acteurs de leur apprentissage en les confrontant à des situations réelles et en les incitant à développer des solutions innovantes à des problèmes complexes. L'intégration de l'entrepreneuriat dans les curricula nécessite aussi un soutien institutionnel, notamment par la création de partenariats avec le secteur privé, les gouvernements, et les organisations de développement qui peuvent offrir des ressources, des mentors et des opportunités de mise en pratique.

Dans de nombreux pays, l'intégration de l'entrepreneuriat dans les curricula est encore en phase d'expérimentation, mais des exemples de succès existent déjà. Des initiatives telles que les écoles d'entrepreneuriat en Afrique ou les incubateurs universitaires en Europe ont permis de démontrer l'impact positif de ces programmes sur le développement des compétences entrepreneuriales et leur rôle dans la transformation économique locale.

Le lien entre éducation et entrepreneuriat est fondamental dans la construction de compétences entrepreneuriales essentielles, non seulement pour les individus, mais également pour le développement économique global et local. L'éducation entrepreneuriale permet aux individus de développer une série de compétences transversales qui sont non seulement utiles dans le cadre de la création d'entreprises, mais aussi dans une large gamme de contextes professionnels. L'intégration de l'entrepreneuriat dans les curricula scolaires et universitaires joue un rôle central dans la formation de citoyens engagés, créatifs et capables de relever les défis économiques et sociaux contemporains. L'éducation entrepreneuriale est ainsi un levier stratégique pour renforcer l'innovation, la compétitivité et la durabilité dans l'économie mondiale.

Conclusion

Le chapitre que nous avons exploré a permis de poser les bases théoriques et analytiques de l'entrepreneuriat éducatif, en analysant ses diverses dimensions, son évolution historique, les théories pédagogiques qui le sous-tendent ainsi que son rôle essentiel dans le développement des compétences entrepreneuriales. L'entrepreneuriat éducatif ne se limite pas à la simple transmission de connaissances entrepreneuriales, mais inclut la création d'un environnement propice à l'émergence de compétences spécifiques, susceptibles de favoriser l'innovation et la création d'entreprises.

L'analyse de la définition de l'entrepreneuriat éducatif a permis de souligner sa diversité et son caractère multidimensionnel. L'entrepreneuriat éducatif n'est pas qu'une simple modalité d'enseignement des pratiques entrepreneuriales. Il inclut également la construction d'une culture entrepreneuriale au sein des institutions éducatives, visant à développer des compétences transversales qui sont nécessaires tant dans le monde des affaires que dans la vie quotidienne. En comparant cette forme d'entrepreneuriat avec des concepts voisins tels que l'entrepreneuriat social ou l'entrepreneuriat d'entreprise, il a été possible de dégager les spécificités de l'approche éducative qui se distingue par sa finalité de préparer les individus à agir dans un environnement économique en constante évolution tout en leur permettant de contribuer positivement à la société. Ce processus éducatif ne se limite donc pas à la formation d'individus qui créeront des entreprises, mais favorise également la croissance d'un esprit entrepreneurial au sein des communautés, préparant ainsi les jeunes à être des acteurs de changement dans leurs sociétés respectives.

L'examen de l'évolution historique de l'enseignement de l'entrepreneuriat a révélé une dynamique progressive, marquée par l'intégration de l'entrepreneuriat dans les curricula scolaires et universitaires. Ce processus s'est intensifié à partir du XXe siècle, notamment après la Seconde Guerre mondiale, lorsque la nécessité de stimuler l'innovation et de répondre aux défis économiques mondiaux a conduit à la reconnaissance de l'entrepreneuriat comme une compétence clé à développer au sein des systèmes éducatifs. Cette évolution a été soutenue par des réformes éducatives qui ont permis de formaliser l'enseignement de l'entrepreneuriat, et par des mouvements et écoles influentes, tels que les approches pragmatiques inspirées des écoles de commerce ou les initiatives entrepreneuriales sociales, qui ont mis l'accent sur l'importance de l'action et de la création de valeur au sein des communautés locales.

L'étude des théories et des approches pédagogiques appliquées à l'entrepreneuriat a permis de dégager les caractéristiques des méthodologies éducatives qui se sont avérées les plus efficaces pour développer les compétences entrepreneuriales. Des approches telles que la pédagogie active, l'apprentissage par projet, la méthode Lean Startup et le design thinking ont été identifiées comme des méthodes qui permettent de répondre aux besoins des étudiants en les impliquant directement dans des situations réelles d'apprentissage. Ces méthodes favorisent une pédagogie de l'action où l'élève apprend non seulement par l'acquisition de connaissances théoriques, mais aussi en résolvant des problèmes concrets et en prenant des décisions stratégiques qui imitent les défis rencontrés par les entrepreneurs dans le monde réel. L'apprentissage par projet et la méthode Lean Startup, en particulier, se sont avérés être des approches particulièrement efficaces, car elles intègrent la flexibilité, l'adaptation aux besoins du marché et la gestion du risque, des éléments essentiels pour tout entrepreneur en devenir. En revanche, des approches plus théoriques, même si elles ont leur place dans la formation initiale, montrent parfois leurs limites face aux exigences du monde entrepreneurial qui privilégie l'action rapide et la réactivité.

Le lien entre éducation et entrepreneuriat a également été mis en lumière à travers le rôle essentiel que joue l'éducation dans la construction des compétences entrepreneuriales. Il est désormais largement reconnu que l'entrepreneuriat éducatif n'est pas uniquement destiné à former des créateurs d'entreprises, mais qu'il participe à la création d'une culture de l'entrepreneuriat qui peut avoir des effets bien au-delà du domaine économique. En formant des individus capables de penser de manière créative, de prendre des risques calculés et de développer des solutions innovantes, l'éducation entrepreneuriale contribue à une dynamique de développement économique local et global. Les compétences acquises au cours de cette formation peuvent avoir un impact direct sur l'insertion professionnelle des jeunes, en leur offrant des perspectives alternatives à l'emploi salarié traditionnel. En outre, ces compétences sont cruciales pour le développement économique, car elles permettent aux individus de répondre aux défis sociétaux en créant des solutions adaptées aux besoins locaux, favorisant ainsi la croissance inclusive et durable.

La valorisation des compétences entrepreneuriales, telles que la créativité, la gestion de projets, la capacité à prendre des initiatives et la gestion de l'incertitude, constitue ainsi un enjeu central de l'éducation moderne. Cette vision de l'entrepreneuriat éducatif, qui s'étend au-delà de la simple création d'entreprises, fait de l'éducation entrepreneuriale un levier stratégique pour la formation d'individus capables de contribuer positivement à leurs sociétés et à l'économie mondiale. De plus, l'intégration de l'entrepreneuriat dans les programmes scolaires et universitaires permet de développer des compétences transversales telles que le leadership, la communication et la gestion du changement, qui sont essentielles dans un environnement de travail globalisé et en constante évolution.

À travers cette analyse, il apparaît clairement que l'entrepreneuriat éducatif représente une approche pédagogique qui répond aux besoins croissants de flexibilité, d'innovation et de compétitivité dans un monde en mutation rapide. Pour que l'éducation entrepreneuriale soit véritablement efficace, elle doit s'appuyer sur des approches pédagogiques innovantes et sur une compréhension fine des réalités socio-économiques locales. Les méthodes pédagogiques actives, comme l'apprentissage par projet ou le design thinking, doivent être intégrées dans les curricula pour assurer une formation qui soit à la fois théorique et pratique, en permettant aux étudiants d'acquérir non seulement des compétences techniques, mais aussi une attitude entrepreneuriale active et résiliente.

Ainsi, ce chapitre a permis de poser les bases théoriques et analytiques nécessaires pour comprendre l'importance de l'entrepreneuriat éducatif dans le développement des compétences des étudiants, en mettant en évidence son évolution historique, les théories pédagogiques sous-jacentes et son rôle clé dans la construction de l'économie de demain. L'enjeu majeur pour les systèmes éducatifs à travers le monde est désormais de renforcer et d'adapter cet enseignement aux défis économiques et sociaux contemporains, en créant un environnement propice à l'innovation et à l'entrepreneuriat au sein des écoles et universités.

Chapitre 2 : LES COMPÉTENCES ESSENTIELLES POUR INNOVER ET ENTREPRENDRE

Introduction

L'identification et le développement des compétences entrepreneuriales chez les élèves représentent une étape essentielle dans le processus d'éducation entrepreneuriale. Dans un contexte mondial marqué par des dynamiques économiques changeantes et une globalisation accélérée, la capacité à entreprendre et à innover devient un levier crucial pour le développement économique, social et culturel des nations. L'éducation, en particulier l'éducation à l'entrepreneuriat, joue un rôle fondamental dans la formation de jeunes citoyens capables de créer des entreprises, mais aussi de répondre à des défis globaux par des solutions novatrices et adaptées aux besoins locaux. Ce chapitre explore, en profondeur, l'identification des compétences entrepreneuriales essentielles et les modalités de leur développement au sein des programmes éducatifs, particulièrement à l'école secondaire et dans les premières années universitaires.

Le concept de compétences entrepreneuriales englobe une diversité de savoir-faire, de savoir-être et de savoirs qui sont indispensables à l'exercice de l'entrepreneuriat, mais également à la préparation des élèves à s'adapter à un monde en constante évolution. Parmi ces compétences figurent la capacité à prendre des risques calculés, à identifier et exploiter des opportunités, à faire preuve de créativité et d'innovation, à gérer des projets et à prendre des décisions stratégiques dans des environnements incertains. Ces compétences, souvent qualifiées de « *soft skills* », sont de plus en plus valorisées dans le monde du travail, au-delà des seules compétences techniques. Par conséquent, la formation de ces compétences doit être au cœur de l'éducation entrepreneuriale. Il est donc primordial d'analyser les approches pédagogiques adaptées à leur développement, de même que les outils et stratégies permettant de cultiver ces compétences dès les premières étapes de l'éducation.

La question fondamentale qui se pose est celle de la manière dont ces compétences peuvent être efficacement identifiées et développées dans le cadre d'un curriculum scolaire ou universitaire. En effet, l'éducation à l'entrepreneuriat ne se limite pas à l'acquisition de connaissances théoriques sur le monde des affaires, mais implique une approche active et interactive qui place l'élève au centre de son apprentissage. Ce chapitre explore diverses méthodologies, telles que l'apprentissage par projet, la pédagogie active, les études de cas, et la mise en place de programmes d'incubateurs ou de simulations d'entreprises qui ont démontré leur efficacité dans le développement des compétences entrepreneuriales. Ces méthodes visent à rendre les élèves acteurs de leur formation en les impliquant dans des situations réelles ou proches du monde professionnel, afin de favoriser l'apprentissage par la pratique et la réflexion.

Un autre aspect clé de ce chapitre réside dans l'analyse des facteurs internes et externes qui influencent le développement des compétences entrepreneuriales chez les élèves. L'environnement familial, culturel et social joue un rôle déterminant dans la manière dont les jeunes perçoivent l'entrepreneuriat et dans leur motivation à développer des compétences entrepreneuriales. De même, l'importance du soutien institutionnel et des politiques publiques visant à encourager l'entrepreneuriat dans le système éducatif ne peut être sous-estimée. Ainsi, une approche systémique et inclusive est nécessaire pour identifier les leviers d'action qui permettront de développer efficacement les compétences entrepreneuriales des élèves, à travers une collaboration entre les éducateurs, les institutions, les entreprises et les politiques publiques.

En outre, ce chapitre met en lumière les défis et obstacles qui entravent parfois l'identification et le développement des compétences entrepreneuriales chez les élèves, notamment dans des contextes d'éducation en développement. Les manques de ressources pédagogiques, le manque de formation des enseignants, et l'absence de partenariats avec le secteur privé sont des facteurs qui limitent l'impact des programmes d'éducation à l'entrepreneuriat. En parallèle, il est nécessaire d'explorer les solutions pratiques et les bonnes pratiques observées dans des systèmes éducatifs réussis, afin de mieux comprendre les facteurs clés de succès de ces programmes et les conditions préalables à leur mise en œuvre efficace.

L'impact de l'éducation entrepreneuriale sur les compétences des élèves va au-delà de la simple création d'entreprises. Elle est un moteur de transformation personnelle, sociale et économique, car elle prépare les élèves à devenir des acteurs du changement, capables de faire face aux défis contemporains et de saisir les opportunités qui se présentent dans un monde de plus en plus compétitif et interconnecté. Ainsi, ce chapitre cherche-t-il à démontrer que, loin d'être une simple compétence technique, l'entrepreneuriat doit être compris comme un ensemble de compétences globales qui, une fois cultivées, peuvent servir de catalyseur pour un développement durable et inclusif.

II.1. LES COMPÉTENCES CLÉS POUR L'INNOVATION ET L'ENTREPRENEURIAT

Les compétences clés pour l'innovation et l'entrepreneuriat sont au cœur de la réussite des entrepreneurs dans un monde en constante évolution. Ces compétences permettent aux individus de concevoir, de développer et de gérer des projets innovants tout en surmontant les défis et les risques associés à l'entrepreneuriat. Elles englobent un éventail de savoir-faire et de savoir-être qui sont essentiels à la création de valeur, à la gestion d'entreprise et à l'influence des environnements économiques. Dans le cadre de l'éducation entrepreneuriale, il est crucial d'identifier et de développer ces compétences chez les élèves, non seulement pour les préparer à créer leurs propres entreprises, mais aussi pour les aider à devenir des leaders innovants capables de transformer des idées en réalités économiques et sociales. Ce texte explore en profondeur les compétences clés de l'innovation et de l'entrepreneuriat, les compétences transférables qu'il est possible d'enseigner par le biais de l'éducation entrepreneuriale, ainsi que la manière dont elles influencent le succès entrepreneurial.

II.1.1. Les compétences essentielles à l'innovation et à l'entrepreneuriat

L'entrepreneuriat repose sur plusieurs compétences fondamentales qui, lorsqu'elles sont développées, permettent aux individus de créer, de gérer et de diriger des projets innovants. Ces compétences, qu'elles soient cognitives, émotionnelles ou comportementales, jouent un rôle clé dans la capacité à innover, à prendre des risques et à résoudre des problèmes. Parmi les compétences essentielles à l'innovation et à l'entrepreneuriat, on retrouve la créativité, le leadership, la gestion du risque et la capacité à résoudre des problèmes.

II.1.1.1. La créativité

La créativité est sans doute l'une des compétences les plus importantes pour tout entrepreneur. Elle permet non seulement de générer des idées nouvelles et originales, mais aussi de trouver des solutions innovantes aux défis quotidiens rencontrés par les entrepreneurs. La créativité est au cœur de l'innovation, un moteur fondamental pour l'entrepreneuriat. Les entrepreneurs doivent faire preuve de créativité pour développer des produits ou services qui se démarquent sur le marché, répondre aux besoins des consommateurs de manière nouvelle et imaginer de nouvelles façons de structurer leur entreprise. La créativité est également indispensable à la gestion de l'incertitude, un facteur inhérent à l'entrepreneuriat (Gibb, 2002).

II.1.1.2. Le leadership

Le leadership entrepreneurial consiste en la capacité à inspirer, motiver et guider une équipe vers la réalisation d'un objectif commun. Il va bien au-delà de la simple gestion : un bon leader entrepreneurial sait communiquer une vision claire, fédérer les compétences autour de cette vision et prendre des décisions stratégiques dans des situations de complexité et de pression. Le leadership implique aussi une gestion efficace des relations humaines, la capacité à créer un environnement de travail dynamique et à cultiver une culture d'entreprise inclusive et collaborative. Il joue un rôle central dans la création d'une entreprise innovante, en assurant la cohésion de l'équipe et en favorisant la collaboration entre les membres (Miller, 2017).

II.1.13. La gestion du risque

L'une des caractéristiques essentielles des entrepreneurs est leur capacité à gérer les risques. L'entrepreneuriat implique toujours une prise de risque que ce soit en matière d'investissement financier, de lancement de nouveaux produits, ou dans les décisions stratégiques. La gestion du risque entrepreneurial ne signifie pas éviter les risques, mais plutôt les anticiper, les évaluer et les minimiser. Les entrepreneurs doivent savoir naviguer dans un environnement incertain et imprévisible et être capables de faire face aux échecs et aux revers. Une compétence clé en matière de gestion du risque est la capacité à prendre des décisions éclairées, fondées sur des analyses approfondies et une évaluation réaliste des scénarios possibles (Knight, 1921).

II.1.14. La capacité à résoudre des problèmes

Les entrepreneurs sont constamment confrontés à des problèmes qui nécessitent des solutions créatives et pratiques. Cette capacité à résoudre des problèmes, souvent qualifiée de « pensée critique », est essentielle pour réussir dans l'entrepreneuriat. Les entrepreneurs doivent être capables de diagnostiquer les problèmes de manière systématique, d'identifier les solutions possibles et de mettre en œuvre ces solutions efficacement. Cela implique une analyse rigoureuse des situations, la capacité à traiter des informations complexes et à prendre des décisions judicieuses, même dans des contextes de forte pression ou d'incertitude (Drucker, 2006).

II.1.2. Compétences transférables par l'éducation entrepreneuriale

Au-delà des compétences spécifiques à l'entrepreneuriat, l'éducation entrepreneuriale permet de développer des compétences transférables qui peuvent être appliquées dans divers domaines professionnels. Ces compétences, bien qu'elles ne soient pas nécessairement liées à la création d'entreprise, sont indispensables pour réussir dans un monde du travail de plus en plus exigeant et interconnecté. L'éducation à l'entrepreneuriat joue un rôle clé dans le développement de ces compétences qui incluent la capacité à travailler en équipe, la gestion de projet, l'autonomie, l'adaptabilité et la communication efficace.

II.1.2.1. Le travail en équipe

La capacité à travailler efficacement au sein d'une équipe est essentielle pour tout entrepreneur. En effet, les projets entrepreneuriaux sont rarement réalisés seuls. L'éducation entrepreneuriale met l'accent sur la collaboration, l'écoute active, la gestion des conflits et la construction de relations professionnelles durables. Ces compétences permettent non seulement de renforcer la cohésion au sein d'une équipe, mais aussi de favoriser la créativité collective, un élément clé pour l'innovation (Hynes, 2009).

II.1.2.2. La gestion de projet

La gestion de projet est une compétence transférable cruciale dans le domaine entrepreneurial. Elle implique la planification, la mise en œuvre et le suivi d'un projet de manière structurée, afin d'atteindre les objectifs fixés dans les délais et les budgets prévus. Les entrepreneurs doivent maîtriser des outils de gestion de projet, savoir déléguer des tâches, coordonner des ressources et anticiper les obstacles. Cette compétence est également très demandée dans de nombreux autres secteurs. Ce qui fait d'elle une compétence clé pour la réussite professionnelle (Kerzner, 2013).

II.1.2.3. L'autonomie et l'adaptabilité

Dans un environnement entrepreneurial, les individus doivent être capables de prendre des décisions indépendantes, de gérer leur temps efficacement et de s'adapter aux évolutions rapides du marché. L'éducation entrepreneuriale développe l'autonomie et l'adaptabilité des élèves, des compétences qui les préparent à évoluer dans des environnements dynamiques et incertains. L'autonomie implique la capacité à prendre des initiatives, à résoudre des problèmes de manière indépendante et à ne pas attendre des directives extérieures pour agir.

L'adaptabilité permet de s'ajuster aux évolutions rapides du marché et aux nouvelles technologies (Meyer, 2008).

II.1.2.4. La communication efficace

La communication efficace est une compétence clé pour l'entrepreneur, que ce soit pour convaincre des investisseurs, motiver une équipe ou négocier avec des partenaires. L'éducation entrepreneuriale met l'accent sur la communication claire et persuasive, aussi bien à l'oral qu'à l'écrit. Les entrepreneurs doivent savoir transmettre leur vision, présenter leurs idées de manière cohérente et captiver l'attention de leur auditoire (Aldrich, 1999).

II.1.3. Recherche académique sur l'influence des compétences entrepreneuriales sur le succès entrepreneurial.

Les recherches académiques sur l'entrepreneuriat ont largement montré que les compétences entrepreneuriales ont un impact direct sur le succès d'une entreprise. Selon des études, la créativité, le leadership et la capacité à résoudre des problèmes sont des facteurs cruciaux pour la performance entrepreneuriale. Par exemple, une étude de Gibb (2002) souligne que l'entrepreneur qui possède un haut niveau de créativité est mieux équipé pour développer des produits et services innovants. Ce qui lui permet de se différencier de la concurrence et de capter de nouvelles parts de marché. De même, le leadership est un déterminant important du succès entrepreneurial, car il permet de maintenir une équipe motivée et de diriger l'entreprise vers la réalisation de ses objectifs (Miller, 2017).

Les recherches ont également montré que la gestion du risque, bien que perçue comme un défi, peut jouer un rôle clé dans la réussite à long terme des entreprises. Une étude de Gartner (1988) met en évidence que les entrepreneurs qui réussissent sont ceux qui parviennent à évaluer les risques de manière réaliste, en prenant des décisions éclairées tout en étant prêts à s'adapter aux défis imprévus.

Les compétences clés pour l'innovation et l'entrepreneuriat sont multiples et interconnectées. Leur développement par l'éducation entrepreneuriale ne se limite pas à la simple acquisition de connaissances théoriques sur les affaires, mais repose sur des approches pédagogiques pratiques et interactives permettant aux élèves d'expérimenter et de développer des compétences essentielles telles que la créativité, le leadership, la gestion du risque et la résolution de problèmes. De plus, ces compétences, qui sont également transférables à d'autres secteurs professionnels, contribuent à préparer les jeunes à réussir dans un environnement professionnel de plus en plus complexe et dynamique. La recherche académique a montré que ces compétences ont un impact significatif sur la performance entrepreneuriale, ce qui souligne l'importance d'intégrer l'éducation entrepreneuriale dans les curricula scolaires et universitaires afin de favoriser le développement des compétences clés nécessaires à l'innovation et à l'entrepreneuriat.

II.2. MÉTHODES POUR DÉVELOPPER CES COMPÉTENCES CHEZ LES ÉLÈVES

Le développement des compétences entrepreneuriales chez les élèves requiert une approche systématique, intégrée et innovante. Cet objectif nécessite non seulement une révision des curricula scolaires, mais aussi une reconsidération des pratiques pédagogiques et un engagement accru des enseignants. Cette section explore les stratégies pédagogiques, les programmes pratiques, et le rôle des enseignants dans ce processus.

II.2.1. Stratégies pédagogiques pour cultiver les compétences entrepreneuriales

Ce point explore les principales stratégies pédagogiques conçues pour renforcer les compétences entrepreneuriales. L'apprentissage par projet met en avant une approche immersive où les élèves sont placés au centre de leur propre processus d'acquisition de savoirs, en résolvant des problématiques réalistes. L'apprentissage actif, quant à lui, privilégie l'engagement direct des apprenants à travers des activités interactives et collaboratives. La différenciation pédagogique s'attache à répondre aux besoins variés des apprenants, en tenant compte de leurs divers profils tandis que l'intégration des technologies de l'information et de la communication (TIC) présente de nouvelles possibilités d'enseignement et d'apprentissage adaptatif. Enfin, l'inclusion des concepts de design thinking stimule la créativité et la pensée critique, en promouvant une approche systématique et centrée sur l'humain pour innover et résoudre des problèmes complexes.

À travers cette analyse, il s'agit de démontrer que ces stratégies pédagogiques, combinées de manière cohérente, constituent des outils puissants pour préparer les apprenants à devenir des acteurs proactifs de l'économie et de la société, capables de s'adapter et d'innover dans un environnement en perpétuelle transformation.

II.2.1.1. L'apprentissage par projet (Project-Based Learning, PBL)

Une méthode particulièrement efficace pour développer les compétences entrepreneuriales est l'apprentissage par projet. Cette approche repose sur l'idée que les élèves apprennent de manière plus significative lorsqu'ils sont impliqués dans un projet concret. Dans le cadre de l'entrepreneuriat éducatif, les élèves peuvent être amenés à développer leurs propres entreprises, à participer à des simulations d'entreprise ou à résoudre des problèmes réels issus du milieu professionnel. Le PBL encourage la collaboration, la créativité, et la capacité de gestion de projets, des compétences essentielles à l'entrepreneuriat. Des études menées par Thomas (2000) montrent que l'apprentissage par projet est lié à une amélioration de la compréhension conceptuelle et de la motivation des élèves. Barron & Darling-Hammond (2008) indiquent que PBL développe des compétences essentielles comme la gestion de projet et la pensée critique. D'autres chercheurs, notamment Bell (2010), insistent sur l'impact durable de cette méthode sur l'autonomie et l'engagement.

II.2.1.2. L'apprentissage actif

L'un des principes fondamentaux dans l'enseignement des compétences entrepreneuriales est l'apprentissage actif. Contrairement aux approches traditionnelles centrées sur l'enseignant, l'apprentissage actif invite les élèves à être des participants actifs dans leur processus d'apprentissage. Cela implique l'utilisation de méthodes comme les études de cas, les jeux de rôle, et les simulations qui permettent aux élèves de développer des compétences en prise de décision, en leadership et en gestion de projet. L'idée est de reproduire des situations réelles, où les élèves sont confrontés à des problèmes nécessitant de la créativité, de la pensée critique et des capacités de négociation (Kolb, 1984 ; McKeachie, 2002).

II.2.1.3. Différenciation pédagogique

Pour répondre aux besoins variés des élèves, les enseignants doivent adapter leurs méthodes. Tomlinson (2001) affirme que la différenciation pédagogique, par la création de parcours d'apprentissage personnalisés, favorise une meilleure acquisition des compétences.

II.2.1.4. Intégration des TIC

L'utilisation des technologies de l'information et de la communication (TIC) offre des opportunités uniques pour les apprenants. Les plateformes numériques telles que celles décrites par Mishra & Koehler (2006) dans leur cadre TPACK (Technologie Pedagogical Content Knowledge) permettent de combiner pédagogie, contenu et technologie pour un apprentissage interactif et pertinent.

II.2.1.5. Inclusion des concepts de design thinking

Inclusion des concepts de design thinking défendu par Brown (2009), encourage une approche centrée sur l'utilisateur tandis que la méthode lean startup (Ries, 2011) met l'accent sur l'itération rapide et l'apprentissage par l'action. Ces approches incitent les élèves à expérimenter, prototyper et affiner leurs idées tout en développant une culture de l'innovation.

Les stratégies pédagogiques telles que l'apprentissage actif, la différenciation pédagogique, l'intégration des TIC et l'inclusion des concepts de design thinking présentent une réponse adaptée aux exigences contemporaines de l'éducation entrepreneuriale. En mobilisant des approches innovantes et centrées sur l'apprenant, elles favorisent le développement d'une pensée critique, de la créativité et de l'autonomie, indispensable pour relever les défis d'un monde en mutation. Ces outils pédagogiques, en conjuguant innovation et inclusion, s'affirment comme des leviers essentiels pour cultiver des compétences entrepreneuriales solides et durables.

II.2.2. Programmes et activités pratiques dans les écoles et universités

Ce point examine plusieurs dispositifs significatifs mis en œuvre dans les milieux scolaire et universitaire. Les mini-entreprises scolaires permettent aux élèves de s'initier à la gestion et à la création d'activités économiques réelles. Les concours d'entrepreneuriat stimulent la créativité et l'innovation en encourageant une compétition saine et constructive. Les programmes d'immersion professionnelle offrent une opportunité précieuse de découvrir les clubs et associations entrepreneuriaux, favorisent l'échange et la collaboration au sein d'une communauté de passionné. Enfin, les projets interdisciplinaires mobilisent diverses disciplines pour développer une approche globale et intégrée des problématiques entrepreneuriales.

L'objectif de cette analyse est de mettre en évidence la portée et l'impact de ces programmes sur le développement entrepreneurial, en indiquant leur rôle clé dans la formation d'une génération de leaders agiles et visionnaires.

II.2.2.1. Mini-entreprises scolaires

La mise en place de mini-entreprises offre aux élèves une expérience pratique de gestion d'entreprise. Selon Kourilsky & Walstad (1998), ces initiatives renforcent leur compréhension des concepts économiques et développent des compétences interpersonnelles telles que la négociation et le travail d'équipe.

II.2.2.2. Concours d'entrepreneuriat

Les compétitions d'entrepreneuriat, comme les hackathons ou les cours de plan d'affaires, stimulent l'innovation et motivent les élèves à penser de manière créative. Babi & al. (2017) montrent que ces activités augmentent l'intention entrepreneuriale et la capacité à innover.

II.2.2.3. Programmes d'immersion professionnelle

Les partenariats entre écoles et entreprises facilitent des stages ou des visites d'entreprises. Rasheed & Rasheed (2003) notent que ces expériences exposent les élèves à des situations réelles, renforçant ainsi leur préparation aux défis du marché du travail.

II.2.2.4. Clubs et associations entrepreneuriaux

Les clubs entrepreneuriaux dans les établissements offrent un cadre où les élèves peuvent échanger des idées, collaborer sur des projets et bénéficier de mentorat. Souitaris & al. (2007) démontrent que ces activités extrascolaires complètent la formation formelle et augmentent la motivation des participants.

II.2.2.5. Projets interdisciplinaires

En associant l'entrepreneuriat à d'autres disciplines, les élèves développent une perspective holistique. Par exemple, un projet combinant biologie et entrepreneuriat peut conduire à des innovations écoresponsables, comme le montrent les travaux de Heinonen & Poikkijoki (2006).

Les programmes et activités tels que les mini-entreprises scolaires, les concours d'entrepreneuriat, les programmes d'immersion professionnelle, les clubs entrepreneuriaux et les projets interdisciplinaires démontrent l'efficacité des approches intégratives dans l'éducation entrepreneuriale. En combinant pratique et théorie, ces initiatives renforcent les compétences des apprenants tout en cultivant leur créativité, leur esprit d'initiative et leur capacité à collaborer. Elles constituent des outils incontournables pour préparer une génération apte à innover et relever les défis d'une économie mondiale en constante mutation.

II.2.3. Le rôle des enseignants dans le développement des compétences entrepreneuriales

Les enseignants occupent une place centrale dans le développement des compétences entrepreneuriales, jouant à la fois le rôle de transmetteurs de savoirs, de facilitateurs d'apprentissage et de guides inspirants. Leur contribution va bien au-delà de l'enseignement traditionnel, s'étendant à des dimensions pratiques et relationnelles essentielles. À travers la formation continue, ils renforcent leur expertise pédagogique ; par le coaching et mentorat, ils accompagnent les apprenants dans leur cheminement entrepreneurial. En créant un environnement propice à l'innovation et en développant des partenariats externes, les enseignants connectent la théorie à la pratique. Enfin, grâce à l'évaluation formative, ils assurent un suivi adapté et orienté vers l'amélioration continue des compétences des apprenants.

II.2.3.1. Formation continue

La qualité de l'enseignant dépend de la formation des enseignants. Kilauri (2024) a démontré qu'une formation continue efficace améliore significativement les compétences pédagogiques et l'impact sur les élèves. De plus, Hynes & Richardson (2007) soutiennent que la formation des enseignants doit inclure des élèves pratiques et théoriques pour maximiser leur efficacité.

II.2.3.2. Coaching et mentorat

Les enseignants jouent un rôle crucial en tant que mentors et facilitateurs. Gibb (1993) indique que le mentorat entrepreneurial aide des élèves à développer leur confiance et leur capacité à résoudre des problèmes complexes.

II.2.3.3. Création d'un environnement

Les enseignants doivent favoriser un climat scolaire qui encourage la prise de risque et l'innovation. Kirby (2004) indique que l'environnement scolaire joue un rôle déterminant dans le développement des attitudes entrepreneuriales.

II.2.3.4. Partenariats externes

Les enseignants doivent collaborer avec des professionnels et des organisations pour enrichir les ressources disponibles. Vesper & Gartner (1997) insistent sur l'importance des partenariats pour intégrer les réalités du marché dans les programmes scolaires.

II.2.3.5. Évaluation formative

L'évaluation doit aller au-delà des examens traditionnels pour inclure des méthodes comme les portfolios, les présentations et les observations de terrain. Ces outils permettent de mesurer le développement des compétences de manière holistique, comme le suggèrent Smith & Beasley (2011).

Le développement des compétences entrepreneuriales chez les élèves nécessite une combinaison de stratégies pédagogiques adaptées, de programmes pratiques et d'un rôle proactif des enseignants. En adoptant ces approches, les écoles et les enseignements supérieurs et universitaires peuvent préparer les apprenants à devenir des entrepreneurs compétents et innovants. Ce processus demande un engagement collectif, soutenu par des recherches empiriques et des pratiques éprouvées.

II.2.4. Transformation des vies des élèves grâce à ces compétences

Le développement des compétences entrepreneuriales chez les élèves ne se limite pas à leur préparation pour le marché du travail, il contribue à une transformation profonde de leur vie personnelle et sociétale. Ces compétences permettent aux élèves de devenir des agents de changement, capables de s'orienter avec assurance dans des environnements incertains et complexes.

II.2.4.1. Renforcement de la confiance en soi

L'acquisition de compétence entrepreneuriale améliore significativement la confiance des élèves en leurs capacités. Selon Bandura (1997), le sentiment d'efficacité personnelle est renforcé par des expériences pratiques et des succès répétés dans des projets entrepreneuriaux. Cette confiance accrue encourage les élèves à prendre des initiatives et à relever des défis, même dans des situations de grande incertitude. Heinonen & Poikkijoki (2006) indiquent que ce renforcement de la confiance est un facteur clé pour inciter les jeunes à poursuivre leurs aspirations entrepreneuriales et personnelles.

II.2.4.2. Développent d'une autonomie accrue

Les élèves dotés de compétences entrepreneuriales deviennent plus autonomes et aptes à gérer leur propre apprentissage et leur carrière. Gibb (2002) souligne que l'autonomie est essentielle pour innover et s'adapter à un monde en perpétuelle évolution. Cette indépendance se manifeste non seulement dans leur parcours professionnel, mais également dans leur vie personnelle.

II.2.4.3. Contribution au développement communautaire

Les élèves ayant acquis des compétences entrepreneuriales jouent un rôle actif dans leur communauté. Par le biais de projets sociaux ou commerciaux. Ils apportent des solutions aux problèmes locaux. Selon Dees (1998), ces individus combinent des objectifs sociaux et des approches entrepreneuriales, favorisant ainsi le progrès sociétal tout en créant de la valeur économique.

II.2.4.4. Résilience face à l'adversité

Les compétences entrepreneuriales inculquent aux élèves une résilience qui les prépare à surmonter les obstacles et les échecs. Comme le soulignent Nabi & al. (2017), la capacité à apprendre de l'échec est une composante essentielle de l'esprit entrepreneurial, permettant aux individus de rebondir et de poursuivre leurs objectifs malgré les difficultés.

II.2.4.5. Développement d'une vision à long terme

En apprenant à fixer des objectifs et à planifier des stratégies pour les atteindre, les élèves développent une vision claire pour leur avenir. Cette capacité à penser à long terme, mise en évidence par Drucker (1985), est cruciale pour s'orienter dans des environnements complexes et imprévisibles.

En somme, les compétences entrepreneuriales transforment non seulement les élèves en futurs entrepreneurs, mais elles les équipent aussi pour devenir des citoyens responsables, autonomes et résilients, prêts à contribuer à la société de manière significative.

II.3. IMPACT DES COMPÉTENCES ENTREPRENEURIALES SUR LES ÉLÈVES ET LEUR FUTUR

Le développement des compétences entrepreneuriales est un levier fondamental pour préparer les élèves à réussir dans un monde de plus en plus complexe, incertain et dynamique. Les compétences acquises au cours de l'éducation à l'entrepreneuriat ne se limitent pas à la création d'entreprise, mais englobent également une panoplie de qualités et d'aptitudes qui influencent positivement les parcours professionnels des anciens élèves. Ce chapitre vise à explorer l'impact des compétences entrepreneuriales sur les élèves, en analysant non seulement leur influence directe sur les carrières entrepreneuriales, mais aussi sur des parcours de réussite dans d'autres secteurs. En s'appuyant sur des études de cas concrètes, des exemples et des recherches académiques, nous mettrons en lumière la manière dont ces compétences transforment les vies des élèves et leur permettent de réussir dans divers domaines professionnels.

II.3.1. Impact des compétences entrepreneuriales sur les carrières professionnelles

Les compétences entrepreneuriales, en raison de leur nature polyvalente, ont un impact significatif sur la trajectoire professionnelle des individus, quel que soit le secteur dans lequel ils choisissent de s'engager. Ces compétences incluent des capacités telles que la gestion du risque, la créativité, la prise de décision, la résolution de problèmes et la gestion des ressources humaines et financières. Toutes ces compétences sont applicables dans diverses industries, ce qui permet aux individus formés à l'entrepreneuriat de se démarquer, même s'ils ne choisissent pas de devenir entrepreneurs.

II.3.1.1 Développement de l'esprit d'initiative

Les élèves qui acquièrent des compétences entrepreneuriales développent un sens de l'initiative qui les pousse à saisir des opportunités et à se fixer des objectifs ambitieux, même en dehors du domaine entrepreneurial. L'esprit d'initiative se traduit par une volonté d'agir, de prendre des responsabilités et de relever des défis, ce qui est un atout dans des environnements professionnels exigeants. De nombreuses études ont démontré que les personnes ayant des compétences entrepreneuriales, même sans lancer leur propre entreprise, sont souvent perçues comme des leaders potentiels dans leurs entreprises, capables d'innover et de résoudre des problèmes de manière créative (Kirby, 2004 ; Rae, 2007).

Un exemple de ce phénomène peut être observé dans des entreprises multinationales où de nombreux employés issus de formations en entrepreneuriat ont atteint des postes de direction grâce à leurs compétences de leadership et leur capacité à prendre des décisions stratégiques. Par exemple, de nombreuses entreprises technologiques telles que Google et Apple ont recruté des individus ayant un profil entrepreneurial non seulement pour des rôles entrepreneuriaux, mais aussi pour des postes de gestion où ils ont pu appliquer leurs compétences en gestion de projet, en innovation et en gestion des risques.

II.3.1.2. L'entrepreneuriat social et les carrières publiques

Les compétences entrepreneuriales ont également un impact significatif dans les secteurs public et social. Les individus formés à l'entrepreneuriat sont souvent plus susceptibles de s'engager dans des initiatives sociales et communautaires, mettant à profit leurs compétences pour résoudre des problèmes sociaux, économiques ou environnementaux. Cela inclut la capacité de créer des projets sociaux innovants, de développer des organisations à but non lucratif, ou de s'impliquer dans des actions de développement communautaire.

Des recherches ont montré que les anciens élèves ayant été formés à l'entrepreneuriat sont plus enclins à intégrer des ONG, des institutions de développement ou des administrations publiques où leurs compétences en gestion et en résolution de problèmes peuvent avoir un impact direct sur la transformation sociale (Drayton, 2006). Par exemple, un ancien étudiant d'un programme d'entrepreneuriat peut devenir le fondateur d'une organisation de lutte contre la pauvreté, un consultant pour une organisation internationale ou un gestionnaire de projet dans une institution publique.

II.3.2. Études de cas sur l'impact direct des compétences acquises

L'impact des compétences entrepreneuriales sur les parcours professionnels des anciens élèves est mieux illustré par des études de cas qui documentent les effets tangibles de l'éducation entrepreneuriale. Plusieurs exemples montrent comment l'acquisition de compétences entrepreneuriales peut transformer la carrière d'un individu, même dans des secteurs où l'entrepreneuriat n'est pas la vocation principale.

II.2.2.1 Étude de cas : Le parcours d'un entrepreneur devenu cadre dans une multinationale

Prenons l'exemple de Marc, un ancien étudiant ayant suivi un programme d'entrepreneuriat dans une université en Europe. Après avoir fondé une start-up de logiciels à la sortie de l'université, Marc a dû faire face à l'échec de son entreprise. Cependant, au lieu de baisser les bras, il a utilisé les compétences acquises durant ses études (telles que la gestion du risque, la gestion financière et le leadership) pour pivoter vers une carrière dans une grande entreprise technologique. Aujourd'hui, Marc est directeur des opérations dans une entreprise de haute technologie. Son succès est le fruit de sa capacité à gérer des équipes, à prendre des décisions stratégiques en situation de crise et à innover pour surmonter des défis complexes. Cela démontre que les compétences entrepreneuriales sont essentielles non seulement pour créer une entreprise, mais aussi pour évoluer dans un environnement d'affaires compétitif (Nabi et al., 2017).

II.2.2.2 Étude de cas : Transformation d'un étudiant en un leader social

Une autre étude de cas intéressante est celle de Marie, une ancienne élève d'un programme d'entrepreneuriat en Afrique de l'Ouest. Après avoir lancé plusieurs projets entrepreneuriaux à petite échelle, Marie a concentré ses efforts sur des initiatives de développement durable dans sa communauté. Grâce à sa formation en entrepreneuriat, elle a acquis une solide capacité à mobiliser des ressources et à convaincre des investisseurs de financer ses projets. Elle est désormais la fondatrice d'une organisation à but non lucratif qui œuvre pour la promotion des énergies renouvelables dans des zones rurales. Cette transformation est un exemple probant de la façon dont les compétences entrepreneuriales peuvent mener à des carrières dans le secteur social tout en ayant un impact significatif sur la communauté (Gibb, 2002).

II.2.3. Analyse de l'influence des compétences entrepreneuriales sur le parcours de réussite

Les compétences entrepreneuriales influencent directement le parcours de réussite d'un individu, même en dehors de l'entrepreneuriat, grâce à l'acquisition de compétences transférables. Ces compétences incluent la pensée critique, la gestion des ressources, la capacité à travailler sous pression et l'aptitude à prendre des initiatives dans des environnements incertains.

II.2.3.1. Compétences transférables et leur impact sur d'autres secteurs

La gestion des risques, la résolution de problèmes et la capacité à innover ne se limitent pas au domaine de l'entrepreneuriat. Ces compétences sont extrêmement recherchées dans divers secteurs professionnels tels que le marketing, la finance, la gestion des ressources humaines et même dans des secteurs technologiques ou industriels. Les anciens élèves ayant suivi une formation en entrepreneuriat sont souvent capables de s'adapter à divers contextes professionnels, d'analyser des situations complexes et de trouver des solutions innovantes pour répondre aux besoins des entreprises.

Des études ont montré que les individus ayant développé des compétences entrepreneuriales réussissent mieux dans des environnements de travail dynamiques et sont souvent en mesure d'assumer des rôles de gestion, de prendre des initiatives dans des projets d'innovation ou de gérer efficacement des équipes dans des situations de crise (Jones et al., 2013).

II.2.3.2. L'importance des compétences comportementales dans le succès professionnel

Les compétences entrepreneuriales incluent également des compétences comportementales telles que la persévérance, la gestion du stress et la capacité à travailler en équipe. Ces qualités sont essentielles non seulement pour créer une entreprise, mais aussi pour réussir dans des environnements professionnels de plus en plus exigeants. Par exemple, un ancien élève ayant appris à surmonter les échecs dans le cadre d'un projet entrepreneurial pourra plus facilement faire face aux obstacles rencontrés dans sa carrière professionnelle, notamment en termes de gestion des conflits ou de gestion de la pression au travail (Drucker, 1985).

II.2.4. Exemples concrets de transformation des vies

Les compétences entrepreneuriales peuvent également transformer des vies d'élèves en leur permettant de sortir de situations difficiles. Par exemple, dans certains pays en développement, des programmes d'éducation à l'entrepreneuriat ont permis à des jeunes de surmonter la pauvreté en leur donnant les outils nécessaires pour créer leurs propres entreprises. Ces programmes ont non seulement permis aux jeunes d'obtenir une indépendance financière, mais aussi de contribuer au développement économique local.

Des initiatives comme Junior Achievement ont eu un impact significatif en permettant à des milliers de jeunes de s'impliquer dans des projets entrepreneuriaux, d'acquérir des compétences professionnelles et d'améliorer leurs perspectives. Ces expériences ont changé la vie de nombreux jeunes, leur permettant de trouver des emplois, de créer des entreprises ou de se lancer dans des projets sociaux à grande échelle.

Les compétences entrepreneuriales ont un impact profond et durable sur les parcours professionnels des élèves, non seulement dans le domaine entrepreneurial, mais aussi dans une variété de secteurs professionnels. Grâce à leur polyvalence, ces compétences permettent aux individus de réussir dans des environnements de travail variés, d'innover et de résoudre des problèmes complexes. Les études de cas et les exemples concrets démontrent que les compétences entrepreneuriales ne se limitent pas à la création d'entreprises, mais ont un effet transformateur sur la vie professionnelle des anciens élèves, contribuant ainsi à leur réussite personnelle et professionnelle. La mise en place de programmes d'entrepreneuriat dans les écoles et les universités représente donc un investissement essentiel pour l'avenir de la société et de l'économie.

Conclusion

Ce chapitre a permis de souligner l'importance cruciale des compétences entrepreneuriales dans la formation des élèves, en tant que levier majeur pour l'innovation et le développement économique. À travers l'examen des compétences clés nécessaires à l'innovation, telles que la créativité, le leadership, la gestion des risques et la capacité à résoudre des problèmes complexes, il est devenu évident que ces compétences ne se limitent pas à des capacités spécifiques à l'entrepreneuriat. Elles transcendent les frontières des domaines professionnels et se révèlent essentielles à l'adaptabilité, la résilience et la compétitivité des individus dans un contexte socio-économique mondial en rapide mutation. L'une des contributions majeures de ce chapitre réside dans l'exploration détaillée des méthodes pédagogiques qui favorisent le développement de ces compétences chez les élèves. Les approches innovantes telles que l'apprentissage par projet, la pédagogie active et des modèles comme le lean startup et le design thinking, se sont révélées particulièrement efficaces pour favoriser un apprentissage expérientiel. Ces approches, en ancrant les compétences entrepreneuriales dans des contextes réels, permettent aux élèves de non seulement acquérir des savoir-faire pratiques, mais également de développer un état d'esprit entrepreneurial fondé sur la prise d'initiative, la collaboration et l'acceptation du risque.

L'impact de ces méthodologies dépasse largement les résultats immédiats d'apprentissage. En engageant les élèves dans des projets réels, notamment des startups ou des initiatives communautaires, les établissements éducatifs créent un environnement où la théorie se conjugue avec la pratique. Cette interaction favorise la réflexion critique et la prise de décision stratégique, des éléments centraux dans la formation d'un entrepreneur complet. Par ailleurs, l'implication des élèves dans ces projets favorise leur autonomisation et leur permet de découvrir des pistes d'innovation, renforçant ainsi leur confiance en leur capacité à transformer des idées en actions concrètes.

Le rôle des enseignants en tant que facilitateurs de ce processus d'apprentissage est également essentiel. Ils ne se contentent pas d'être des transmetteurs de savoirs, mais deviennent des mentors et des coachs capables d'accompagner chaque élève dans le développement de ses compétences entrepreneuriales. La formation continue des enseignants et leur capacité à s'adapter à ces nouvelles méthodes pédagogiques sont des facteurs déterminants pour assurer le succès de l'éducation entrepreneuriale. En outre, les enseignants ont la responsabilité d'encourager une culture de l'erreur constructive, élément clé de l'innovation et de guider les élèves dans l'analyse de leurs expériences, qu'elles soient couronnées de succès ou non.

L'intégration de ces compétences dans les curricula scolaires et universitaires répond à un besoin urgent de réconcilier la formation académique avec les exigences du marché du travail. En effet, la mondialisation, l'évolution rapide des technologies et la transformation des modèles économiques exigent une main-d'œuvre capable de s'adapter, d'innover et de prendre des initiatives. L'éducation entrepreneuriale devient donc un pilier central de la formation de jeunes capables non seulement de créer des entreprises, mais aussi de jouer un rôle de leadership dans leurs communautés et d'impulser des changements sociaux et économiques positifs.

Dans cette optique, ce chapitre a aussi mis en lumière la transversalité de l'éducation entrepreneuriale qui ne se limite pas à une formation à la création d'entreprises, mais englobe un éventail de compétences transférables essentielles à la réussite dans des secteurs variés. L'esprit d'entreprendre et la capacité à aborder les défis sous un angle innovant deviennent ainsi des atouts pour toute personne qu'elle choisisse de fonder une entreprise ou d'exceller dans un cadre organisationnel existant.

En conclusion l'éducation entrepreneuriale, à travers l'acquisition de compétences entrepreneuriales spécifiques, constitue bien plus qu'un moyen de préparer les élèves à la gestion d'une entreprise. Elle devient un vecteur fondamental de transformation individuelle et collective. La formation des élèves à l'entrepreneuriat les prépare à devenir des agents du changement, aptes à répondre aux défis sociaux et économiques de demain, dans une société de plus en plus marquée par la nécessité d'innover et de créer. Cette conclusion réaffirme l'importance stratégique d'une éducation qui allie savoir-faire et savoir-être et souligne que les compétences entrepreneuriales doivent désormais être au cœur des systèmes éducatifs contemporains.

Chapitre 3 : ENTREPRENEURIAT ÉDUCATIF ET RÉSOLUTION DES DÉFIS COMMUNAUTAIRES

Ce chapitre explore l'impact potentiel de l'entrepreneuriat éducatif comme moteur de transformation sociale et économique, en particulier dans le cadre de la résolution des défis communautaires. L'éducation entrepreneuriale va bien au-delà de la simple préparation à la création d'entreprises : elle constitue un levier stratégique pour favoriser l'autonomie des individus, encourager l'innovation sociale et stimuler un développement économique durable au sein des communautés. À travers une approche holistique, l'entrepreneuriat éducatif permet aux jeunes d'acquérir des compétences essentielles qui non seulement répondent aux besoins immédiats du marché, mais contribuent également à la solution de problèmes structurels ancrés dans leurs environnements sociaux, économiques et culturels.

Dans un monde confronté à des défis globaux complexes tels que la pauvreté, les inégalités économiques, la dégradation environnementale et les crises sanitaires, l'entrepreneuriat éducatif apparaît comme une réponse potentielle aux besoins pressants des communautés locales. En effet, il peut jouer un rôle crucial dans la résolution de ces défis en incitant les individus à penser et à agir de manière proactive pour apporter des solutions durables. Par exemple, les jeunes formés à l'entrepreneuriat sont souvent mieux équipés pour identifier les problèmes sociaux dans leurs communautés et pour développer des initiatives économiques qui améliorent les conditions de vie, créent des emplois et stimulent l'innovation sociale.

Le lien entre l'entrepreneuriat éducatif et les défis communautaires repose sur plusieurs piliers essentiels. D'abord, il y a le rôle de l'entrepreneur social qui est capable d'utiliser les ressources et les connaissances pour répondre aux besoins non satisfaits des populations locales. L'entrepreneuriat éducatif prépare les élèves à reconnaître les opportunités d'innovation sociale et à agir de manière responsable en tenant compte de l'impact économique, environnemental et social de leurs actions. De plus, il stimule une mentalité de changement et d'amélioration continue, essentielle pour répondre à des problèmes systémiques complexes qu'ils soient d'ordre économique, environnemental ou sociétal.

Ensuite, l'éducation entrepreneuriale peut également renforcer la résilience des communautés face aux crises. Dans un contexte de mondialisation où les économies locales sont de plus en plus interconnectées, la capacité d'une communauté à s'adapter et à innover devient un facteur clé de sa durabilité. L'entrepreneuriat éducatif peut aider à surmonter les défis liés à la mobilité sociale, à l'accès à l'emploi et à l'inégalité des chances en préparant les jeunes à devenir des agents de changement dans leurs environnements. À travers des programmes dédiés à l'entrepreneuriat social, les élèves peuvent développer des projets visant à améliorer leur communauté tout en acquérant des compétences utiles pour leur avenir personnel et professionnel.

L'impact de l'entrepreneuriat éducatif sur les défis communautaires va au-delà de la simple création de projets ou d'entreprises. Il s'agit également d'un moyen de renforcer le capital social au sein des communautés, en encourageant la collaboration, la solidarité et la mise en réseau entre les différents acteurs économiques, sociaux et politiques. Les projets communautaires créés par les jeunes entrepreneurs peuvent favoriser un environnement d'entraide et de coopération, stimulant ainsi la co-création de solutions adaptées aux besoins locaux. Par exemple, des initiatives entrepreneuriales mettant l'accent sur les énergies renouvelables, la gestion des déchets ou la promotion de l'agriculture durable peuvent transformer des défis environnementaux en opportunités économiques, tout en renforçant la cohésion sociale au sein des communautés.

L'entrepreneuriat éducatif contribue également au développement des compétences essentielles pour résoudre les défis communautaires, notamment la créativité, la gestion de projets, la prise de décision stratégique et la capacité à gérer les risques. Ces compétences sont transférables et peuvent être appliquées dans une variété de contextes, allant de la gestion d'entreprises sociales à la mise en place de projets communautaires. Elles permettent aux jeunes d'assumer des rôles de leadership dans leur communauté et de contribuer activement à la création de solutions novatrices aux problèmes locaux.

En outre, l'éducation entrepreneuriale peut aussi constituer un outil de démocratisation de l'innovation. En formant les élèves à l'entrepreneuriat, en particulier dans des zones défavorisées ou en marge du développement économique, elle leur donne les clés pour créer des solutions adaptées à leurs besoins. Cela offre la possibilité d'initier des projets localisés, mieux ancrés dans la réalité quotidienne des communautés et plus adaptés aux contextes locaux. L'entrepreneuriat devient ainsi un catalyseur pour des changements sociétaux positifs, car il est ancré dans la réalité vécue des individus et des communautés.

Pour illustrer ce potentiel, de nombreux programmes d'éducation entrepreneuriale à travers le monde ont permis de transformer des communautés entières. Par exemple, des initiatives locales en Afrique et en Asie ont prouvé que l'entrepreneuriat social et communautaire, soutenu par des programmes éducatifs adaptés, permet d'améliorer les conditions de vie des populations locales tout en développant des modèles économiques durables. Dans ces contextes, les jeunes formés à l'entrepreneuriat sont devenus les moteurs de l'innovation sociale, résolvant des problèmes environnementaux, en améliorant l'accès à des services de santé, en créant des emplois et en renforçant les capacités économiques locales.

L'implication des enseignants dans cette dynamique est également essentielle. En tant que facilitateurs et mentors, les éducateurs jouent un rôle clé dans la création de la culture entrepreneuriale au sein de la classe. Ils ne se contentent pas de transmettre des connaissances théoriques, mais accompagnent activement les élèves dans le développement de projets concrets, les soutiennent dans leur apprentissage expérientiel et les guident dans la mise en œuvre de leurs idées. Cette approche éducative transforme l'enseignement de l'entrepreneuriat en un outil puissant pour relever les défis communautaires de manière pratique et efficace.

Enfin, en abordant l'entrepreneuriat éducatif sous l'angle du développement durable et de la justice sociale, ce chapitre met en lumière le potentiel considérable de cette approche pour aborder les défis globaux. En formant des jeunes capables de créer des entreprises et des initiatives qui répondent aux besoins spécifiques de leurs communautés, l'éducation entrepreneuriale permet d'adresser non seulement les inégalités économiques et sociales, mais aussi les défis environnementaux pressants.

En conclusion, l'entrepreneuriat éducatif constitue un vecteur puissant pour aborder les défis communautaires de manière innovante et durable. En permettant aux jeunes de développer des compétences entrepreneuriales tout en les encourageant à réfléchir à des solutions aux problèmes sociaux, économiques et environnementaux, il crée les conditions pour un avenir plus équitable et prospère. Ce chapitre démontre ainsi que l'entrepreneuriat éducatif est un véritable moteur pour la transformation des communautés, tout en préparant les individus à affronter et à résoudre les défis de demain.

III.1. L'ENTREPRENEURIAT ÉDUCATIF COMME LEVIER POUR RÉPONDRE AUX BESOINS LOCAUX

L'entrepreneuriat éducatif se positionne aujourd'hui comme un levier incontournable face aux défis sociaux et économiques contemporains, notamment dans les contextes marqués par la pauvreté, le chômage massif et les inégalités structurelles (Nabi et al., 2017). Cette approche pédagogique ne se limite pas à la transmission de savoirs théoriques, mais s'inscrit dans un processus d'acquisition de compétences pratiques qui visent à transformer les jeunes en agents de changement au sein de leurs communautés (Vesper & Gartner, 1997). En dotant les étudiants des outils nécessaires pour concevoir et mettre en œuvre des solutions entrepreneuriales adaptées à leur environnement socio-économique, l'entrepreneuriat éducatif se présente comme une réponse directe aux carences systémiques des sociétés contemporaines. À travers ce paradigme, il s'agit de développer des compétences entrepreneuriales essentielles qui favorisent non seulement l'initiative individuelle, mais également la transformation des structures économiques locales, tout en encourageant des pratiques innovantes et inclusives susceptibles de générer un impact durable (Greene et al., 2004 ; Peterman & Kennedy, 2003).

III.1.1. L'entrepreneuriat éducatif comme réponse aux défis socio-économiques locaux

Les sociétés contemporaines, en particulier celles des pays en développement, font face à des défis multiples qui interagissent souvent de manière complexe. Le taux de chômage élevé, la pénurie d'infrastructures de qualité, l'inégalité d'accès à l'éducation et à la santé ainsi que la pauvreté persistante, constituent des problèmes systémiques majeurs qui appellent des solutions novatrices (Ndizeye, 2020). En réponse à cette situation, l'entrepreneuriat éducatif se présente non seulement comme un moyen de développer des compétences pratiques, mais aussi comme une solution proactive aux défis sociaux et économiques locaux. En permettant aux jeunes d'acquérir une vision entrepreneuriale, il s'inscrit dans un processus de responsabilisation des générations futures, tout en favorisant la mise en place de projets à fort impact communautaire (Bae et al., 2014).

III.1.1.1. Création d'emplois et stimulation de l'économie locale

L'un des principaux apports de l'entrepreneuriat éducatif réside dans sa capacité à générer de nouvelles opportunités d'emploi, en particulier dans les contextes où les perspectives professionnelles sont limitées (Kirby, 2004). L'enseignement de l'entrepreneuriat offre aux jeunes la possibilité de concevoir des projets innovants, de créer des start-ups et ainsi d'initier des dynamiques économiques locales. Face à un taux de chômage endémique, en particulier chez les jeunes diplômés, l'entrepreneuriat devient un vecteur clé de transition vers l'emploi, contribuant à la réduction de la précarité économique et à la revitalisation des économies locales (Smith & Beasley, 2011). Par ailleurs, les étudiants formés à l'entrepreneuriat sont capables d'identifier et de valoriser les ressources locales sous-exploitées, en créant des entreprises qui répondent à des besoins spécifiques des communautés.

L'entrepreneuriat éducatif ne se limite pas à la création d'emplois individuels : il incite également à des projets collectifs à l'échelle communautaire, créant ainsi des opportunités de développement local durable (Heinonen & Poikkijoki, 2006). Des initiatives telles que des projets agricoles communautaires ou des programmes de gestion des déchets peuvent générer des emplois tout en répondant à des problématiques environnementales, renforçant ainsi le tissu social et économique local (Jones & English, 2004).

III.1.1.2. Innovation et développement durable

L'un des aspects fondamentaux de l'entrepreneuriat éducatif réside dans sa capacité à inciter à l'innovation (Souitaris et al., 2007). En favorisant la pensée créative et en enseignant aux étudiants comment résoudre des problèmes pratiques, cette approche permet la conception de produits et de services novateurs adaptés aux besoins spécifiques des communautés locales. Ce processus éducatif va bien au-delà de la simple acquisition de compétences techniques ; il vise à former des individus capables d'apporter des solutions qui intègrent des dimensions sociales et environnementales (Hynes & Richardson, 2007).

Ainsi, l'entrepreneuriat éducatif se positionne comme un catalyseur du développement durable, en enseignant aux jeunes à concilier rentabilité économique et impact social (Rasheed & Rasheed, 2003). L'essor de l'entrepreneuriat social, par exemple, illustre cette dynamique : il ne s'agit plus seulement de générer du profit, mais aussi de répondre à des besoins sociaux, en conciliant la rentabilité avec des principes d'équité et de respect des enjeux environnementaux (Peterman & Kennedy, 2003).

Ce modèle hybride permet de répondre simultanément aux défis économiques et aux objectifs de développement durable, en particulier dans les domaines de la gestion des ressources naturelles et de la préservation de l'environnement.

III.1.1.3. Résolution de problèmes communautaires

L'entrepreneuriat éducatif se distingue par sa capacité à former des jeunes capables d'identifier des problèmes spécifiques à leurs communautés et de proposer des solutions adaptées (Vesper & Gartner, 1997). L'approche éducative invite les étudiants à analyser les besoins locaux, à concevoir des projets innovants et à les mettre en œuvre pour répondre aux défis sociaux et économiques. En ce sens, l'entrepreneuriat éducatif transforme les jeunes en acteurs du changement, prêts à s'impliquer activement dans la résolution de problèmes collectifs, qu'ils soient liés à l'accès à l'éducation, à la santé, à l'assainissement ou à la sécurité alimentaire (Nabi et al., 2017).

Les projets générés par l'entrepreneuriat éducatif prennent des formes variées, allant des initiatives de microcrédit à des solutions en matière de gestion des déchets, en passant par des entreprises sociales visant à améliorer l'accès aux services de base (Matlay, 2008). Ces projets ont un impact direct sur les communautés locales en apportant des réponses concrètes aux besoins sociaux tout en participant à la revitalisation des dynamiques économiques locales.

III.1.2. Exemples de projets étudiants répondant à des besoins locaux spécifiques

Les projets entrepreneuriaux orientés vers la satisfaction des besoins locaux spécifiques jouent un rôle crucial dans le développement économique et social des communautés. Ils traduisent l'entrepreneuriat en une réponse concrète aux défis locaux, tout en stimulant l'innovation et l'autonomie. Les initiatives telles que les projets agricoles durables en milieu rural, la gestion des déchets et le recyclage ainsi que le soutien aux micro-entrepreneurs via des dispositifs de microcrédit, illustrent cette approche. Ces projets favorisent une croissance inclusive, tout en renforçant les capacités locales à répondre aux enjeux environnementaux, économiques et sociaux.

III.1.2.1. Projets agricoles durables en milieu rural

Dans de nombreuses régions rurales, l'agriculture constitue la principale source de revenus, mais elle se heurte à des défis liés à l'inefficacité des méthodes agricoles traditionnelles et à la dégradation des ressources naturelles (Bae et al., 2014). Des projets d'entrepreneuriat étudiant, axés sur des solutions agricoles durables, offrent des réponses concrètes aux besoins de ces communautés. Par exemple, des initiatives centrées sur l'agriculture biologique, la gestion durable de l'eau ou l'introduction de techniques agricoles résilientes au changement climatique permettent d'améliorer à la fois la productivité et la durabilité environnementale (Heinonen & Poikkijoki, 2006).

Des projets pilotes menés dans des universités africaines, où des étudiants ont développé des modèles agricoles respectueux de l'environnement, témoignent de l'impact de l'entrepreneuriat éducatif dans la promotion de l'agriculture durable. Ces initiatives ont non seulement amélioré la productivité agricole, mais ont également contribué à renforcer la capacité des agriculteurs locaux à adopter des pratiques écologiques, contribuant ainsi à la préservation des écosystèmes tout en assurant une sécurité alimentaire locale (Smith & Beasley, 2011).

III.1.2.2. Projets de gestion des déchets et de recyclage

La gestion des déchets est un défi majeur dans de nombreuses zones urbaines, où la pollution engendrée par l'accumulation de déchets non traités affecte la santé publique et l'environnement (Souitaris et al., 2007). L'entrepreneuriat éducatif a permis à des étudiants de concevoir des solutions novatrices dans ce domaine, allant de la collecte sélective à la mise en place de filières de recyclage des déchets plastiques. Ces projets ont non seulement permis d'améliorer les conditions de vie urbaines, mais ont également créé des emplois dans la gestion des déchets, contribuant ainsi à l'économie circulaire locale (Kirby, 2004).

III.1.2.3. Initiatives de microcrédit et de soutien aux micro-entrepreneurs

L'accès limité au crédit dans de nombreuses régions du monde entrave le développement des petites entreprises locales (Niyonkuru, 2016). L'entrepreneuriat éducatif offre une réponse en permettant aux étudiants de créer des plateformes de microcrédit destinées à soutenir les micro-entrepreneurs locaux. Ces initiatives permettent aux jeunes de financer des projets à faible capital, tout en offrant des conseils et un accompagnement aux entrepreneurs en herbe (Bae et al., 2014).

Par exemple, des étudiants en entrepreneuriat, en partenariat avec des organisations locales, ont mis en place des programmes de microcrédit pour les femmes rurales, leur permettant de démarrer des activités génératrices de revenus. Ce type de projet démontre la capacité de l'entrepreneuriat éducatif à générer des changements sociaux positifs en favorisant l'autonomisation des communautés, en particulier des populations marginalisées (Matlay, 2008).

Les projets répondant à des besoins locaux spécifiques qu'il s'agisse d'agriculture durable, de gestion des déchets ou d'initiatives de microcrédits démontrent l'impact transformateur de l'entrepreneuriat lorsqu'il est ancré dans les réalités locales. En apportant des solutions adaptées aux défis environnementaux, économiques et sociaux, ces initiatives renforcent l'autonomie des communautés et contribuent à un développement durable inclusif. Elles incarnent une synergie entre innovation, résilience et responsabilité sociale, essentielle pour répondre aux besoins actuels tout en anticipant ceux de demain.

En conclusion, l'entrepreneuriat éducatif représente bien plus qu'une simple approche pédagogique ; il constitue un vecteur fondamental de transformation sociale et économique (Nabi et al., 2017). À travers la création d'emplois, l'encouragement de l'innovation et la résolution de problèmes communautaires, il permet de libérer le potentiel entrepreneurial des jeunes et de répondre de manière pragmatique aux défis sociaux et économiques (Greene & Brown, 2004).

III. 2. ÉTUDES DE CAS DE PROJETS ENTREPRENEURIAUX MENÉS PAR DES ÉLÈVES

Les projets entrepreneuriaux menés par des élèves dans le cadre éducatif ont progressivement acquis une reconnaissance en tant qu'outils puissants pour le développement des compétences entrepreneuriales, mais aussi comme moyens de transformation sociale et économique à l'échelle communautaire. Ces projets s'étendent au-delà des simples initiatives économiques pour inclure des dimensions éducatives, sanitaires, environnementales et sociales. En examinant plusieurs études de cas, il est possible d'analyser l'impact de ces initiatives, de mettre en lumière les réussites et les échecs et de tirer des enseignements cruciaux pour le développement futur des programmes d'entrepreneuriat éducatif.

III.2.1. Étude de cas : Le projet de tutorat par les pairs dans un lycée technique

L'initiative de tutorat par les pairs, lancée par un groupe d'élèves d'un lycée technique dans une région rurale, illustre parfaitement le potentiel des projets entrepreneuriaux dans le domaine éducatif. Ce projet visait à résoudre un problème de faible réussite scolaire chez les élèves les plus vulnérables, notamment dans les matières scientifiques, par la mise en place de sessions de tutorat dirigées par des élèves eux-mêmes. Les tuteurs, choisis parmi les élèves les plus performants, assuraient des séances de révision après les heures de cours, en se concentrant sur les matières jugées les plus difficiles par leurs pairs. Le financement de l'initiative provenait principalement de la collecte de fonds par les élèves et de l'appui d'ONG locales.

a. Impact sur la communauté

Le projet a non seulement permis d'améliorer les résultats scolaires des élèves tutorés, mais a également renforcé les compétences entrepreneuriales des tuteurs. En effet, la gestion de ces sessions a nécessité des compétences organisationnelles, un sens de la responsabilité et une capacité à gérer un budget limité. Les tuteurs ont appris à communiquer efficacement, à développer des stratégies pédagogiques et à gérer des groupes, des compétences qui sont directement transférables à des projets entrepreneuriaux. De plus, la réussite du programme a eu un impact notable sur la culture scolaire, en encourageant l'entraide entre élèves et en promouvant un environnement de solidarité.

b. Réussites et échecs

Parmi les réussites majeures, on note l'augmentation du taux de réussite des élèves dans les matières ciblées, avec des progrès de l'ordre de 25 % au bout d'une année scolaire. Cependant, le projet a également fait face à plusieurs défis, notamment le manque de ressources pédagogiques et la difficulté de coordonner le temps des élèves entre leurs études et leurs responsabilités de tuteurs. La pérennisation du projet est restée un défi, en raison du manque de soutien institutionnel et de financement externe.

c. Leçons tirées

Cette expérience met en lumière l'importance de l'intégration des programmes de tutorat dans le cadre institutionnel scolaire, et la nécessité de soutenir ces projets avec des ressources pédagogiques adéquates. Le succès à long terme de tels projets repose sur un soutien continu de la part des autorités scolaires et des communautés locales, ainsi que sur une gestion financière plus structurée.

III.2.2. Étude de cas : Le projet environnemental d'un jardin communautaire dans une école primaire

Une autre initiative entrepreneuriale menée par des élèves s'est matérialisée sous la forme d'un jardin communautaire dans une école primaire d'une grande ville. L'objectif était de sensibiliser les élèves à l'importance de l'agriculture durable et de promouvoir des comportements écologiques à travers la culture de plantes comestibles dans un jardin géré par les élèves eux-mêmes. Ce projet a été lancé avec l'aide de spécialistes en agriculture durable et de groupes environnementaux locaux et a permis aux élèves non seulement d'apprendre les techniques agricoles, mais aussi de comprendre les enjeux liés à la préservation de l'environnement.

a. Impact sur la communauté

En plus de sensibiliser les élèves aux enjeux écologiques, le jardin a permis de fournir des légumes frais pour la cantine scolaire, améliorant ainsi la nutrition des élèves. Le projet a aussi contribué à la réduction des déchets organiques en transformant certains déchets alimentaires en compost. L'impact sur la communauté scolaire a été profond avec une prise de conscience accrue des pratiques agricoles durables et un engagement renforcé des élèves dans la gestion de l'environnement scolaire.

b. Réussites et échecs

Bien que le projet ait eu un impact positif sur la sensibilisation écologique des élèves et la qualité de leur alimentation, des défis sont apparus en termes de gestion de l'irrigation et de la durabilité à long terme du jardin. La mise en place d'un système d'irrigation approprié n'a pas été suffisante pour faire face aux périodes de sécheresse. Ce qui a menacé la viabilité du projet pendant certaines saisons. De plus, bien que la communauté locale ait montré un intérêt initial, l'implication à long terme des parents et des résidents a été limitée.

c. Leçons tirées

Cette étude de cas illustre l'importance de l'adaptation des projets environnementaux aux spécificités locales et la nécessité de former les élèves non seulement à la gestion des jardins, mais aussi à la gestion de ressources naturelles. Il devient évident que la collaboration avec des experts en gestion de l'eau et des partenaires locaux pourrait renforcer la durabilité des projets environnementaux scolaires.

III.2.3. Étude de cas : Projet de sensibilisation à la santé publique mené par des élèves

Un exemple marquant d'initiative entrepreneuriale dans le secteur de la santé publique est un projet lancé par des élèves dans une école secondaire située dans un quartier défavorisé. Ce projet avait pour objectif de sensibiliser la communauté locale à la prévention du VIH et du SIDA. Les élèves, en collaboration avec des organisations de santé locales, ont organisé des ateliers, distribué des brochures éducatives et animé des sessions d'information destinées à informer la population sur les mesures préventives contre le VIH. Le projet a non seulement visé à réduire les risques de transmission du VIH, mais aussi à lutter contre la stigmatisation associée aux personnes vivant avec le virus.

a. Impact sur la communauté

Le projet a joué un rôle crucial dans la réduction des stigmas associés au VIH, tout en améliorant les connaissances de la communauté sur les méthodes de prévention. Les élèves ont eu un impact direct sur leurs pairs, leurs familles et la communauté élargie. La campagne a contribué à la diffusion d'informations fiables, ce qui a permis de réduire la désinformation et d'encourager des comportements plus responsables vis-à-vis de la santé sexuelle.

b. Réussites et échecs

Le succès principal de ce projet réside dans la capacité des élèves à mobiliser la communauté autour de la question de la santé sexuelle, un sujet souvent tabou. Cependant, l'un des obstacles majeurs a été la résistance de certaines parties de la communauté, notamment les parents qui se sont montrés réticents à voir leurs enfants engagés dans des discussions sur des sujets jugés sensibles. De plus, le financement du projet a été insuffisant, ce qui a limité la portée des activités de sensibilisation.

c. Leçons tirées

Les projets de santé publique nécessitent une préparation minutieuse, notamment en ce qui concerne l'engagement des parents et des autorités locales. Il est essentiel d'impliquer ces parties prenantes dès le début du projet afin de créer une acceptation communautaire et de garantir une diffusion efficace des messages de prévention.

Les études de cas de projets entrepreneuriaux menés par des élèves démontrent le potentiel transformateur de l'entrepreneuriat éducatif, non seulement pour les élèves eux-mêmes, mais aussi pour leurs communautés. Ces projets, qu'ils concernent l'éducation, l'environnement ou la santé, ont un impact tangible et durable sur les sociétés locales. Les réussites, les défis et les leçons tirées de ces projets offrent des pistes essentielles pour la conception et la mise en œuvre de programmes d'entrepreneuriat éducatif plus efficaces et plus inclusifs. Ils soulignent également l'importance de l'accompagnement institutionnel, du financement et du soutien communautaire pour garantir la pérennité et l'expansion de ces initiatives à plus grande échelle.

III.3. IMPACT DE CES INITIATIVES SUR LE DÉVELOPPEMENT COMMUNAUTAIRE

L'entrepreneuriat éducatif représente un axe stratégique fondamental pour le développement durable des communautés locales, en particulier dans des contextes socio-économiques fragiles. À travers l'intégration de compétences entrepreneuriales dans le cursus éducatif, il est possible de transformer les jeunes en agents de changement, capables de résoudre des problèmes locaux tout en stimulant l'économie, la cohésion sociale et la durabilité environnementale. Ce chapitre explore de manière détaillée l'impact des initiatives entrepreneuriales éducatives sur le développement communautaire à court, moyen et long terme, en prenant en compte les effets immédiats sur le bien-être des communautés ainsi que l'analyse comparative avec les modèles internationaux.

III.3.1. L'entrepreneuriat éducatif et le développement durable des communautés locales

L'impact de l'entrepreneuriat éducatif sur le développement durable des communautés locales se manifeste à travers plusieurs dimensions : économique, sociale et environnementale. L'éducation à l'entrepreneuriat ne se limite pas à la création d'entreprises, mais s'étend à la promotion d'une culture entrepreneuriale qui cherche à répondre aux besoins locaux tout en favorisant l'inclusivité et la durabilité.

III.3.1.1. Stimuler l'économie locale

Les projets entrepreneuriaux éducatifs ont pour principal objectif la stimulation de l'économie locale. L'introduction d'initiatives entrepreneuriales parmi les élèves, particulièrement dans les secteurs à fort potentiel (agriculture, artisanat, services, etc.), permet de générer de l'emploi et de diversifier les sources de revenus. Par exemple, des projets comme la mise en place de petites entreprises familiales ou communautaires basées sur l'agriculture durable peuvent accroître la productivité locale tout en garantissant la sécurité alimentaire et en réduisant la dépendance aux produits extérieurs (Ndizeye, 2020).

L'impact économique immédiat des projets éducatifs entrepreneuriaux réside dans la création de petites entreprises qui, à leur tour, génèrent des emplois. De plus, ces entreprises peuvent participer à la chaîne de valeur locale, contribuant ainsi à la redistribution de la richesse au sein des communautés locales. L'étude de Peterman et Kennedy (2003) sur les programmes d'éducation à l'entrepreneuriat a montré que les étudiants formés à l'entrepreneuriat sont plus susceptibles de créer des entreprises génératrices d'emplois qui répondent directement aux besoins de leurs communautés.

III.3.1.2. Cohésion sociale et empowerment des jeunes

Un autre aspect fondamental du développement communautaire par l'entrepreneuriat éducatif est la contribution à la cohésion sociale et à l'empowerment des jeunes, en particulier des jeunes défavorisés. Les jeunes entrepreneurs, lorsqu'ils sont formés pour comprendre les enjeux économiques et sociaux de leurs communautés, peuvent jouer un rôle clé dans la réduction des inégalités. En donnant aux jeunes les outils pour comprendre et développer des solutions aux problèmes sociaux, l'entrepreneuriat éducatif permet à ces derniers de prendre des initiatives et de devenir des moteurs de changement (Vesper & Gartner, 1997).

Le développement de l'entrepreneuriat chez les jeunes encourage également leur participation active à la vie communautaire, ce qui renforce le tissu social local. Par exemple, des initiatives visant à soutenir les femmes entrepreneurs ou les jeunes déscolarisés participent activement à la réduction des écarts de genre et à l'amélioration des opportunités économiques dans les communautés marginalisées.

III.3.1.3. Préservation de l'environnement

L'intégration de principes de développement durable dans les projets éducatifs entrepreneuriaux constitue un pilier fondamental dans la stratégie de développement communautaire. En effet, la promotion d'entreprises respectueuses de l'environnement, telles que les projets de recyclage, d'agriculture durable ou d'utilisation d'énergies renouvelables, permet de contribuer à la préservation des ressources naturelles tout en soutenant les communautés locales (Heinonen & Poikkijoki, 2006).

III.3.2. Évaluation des effets à court, moyen et long terme des projets éducatifs entrepreneuriaux

L'évaluation des impacts à court, moyen et long terme des projets éducatifs entrepreneuriaux est essentielle pour comprendre l'efficacité de ces initiatives dans le développement durable des communautés locales. Chaque phase de développement a des effets spécifiques qui, combinés, conduisent à une transformation significative du cadre socio-économique des communautés.

III.3.2.1. Effets à court terme

À court terme, les projets éducatifs entrepreneuriaux ont un impact direct sur la création d'emplois et la stimulation de l'économie locale. Les élèves qui participent à des projets entrepreneuriaux, comme la création d'entreprises sociales ou la mise en place d'initiatives d'entraide, voient souvent leurs projets prendre forme rapidement. Ce qui génère une activité économique immédiate dans la communauté. L'étude de Nabi et al. (2017) souligne que les premières entreprises créées par de jeunes entrepreneurs apportent une réponse immédiate aux besoins locaux, notamment dans des domaines comme l'alimentation, la santé ou les services. Ces initiatives génèrent des emplois directs et une croissance économique rapide à une échelle réduite.

III.3.2.2. Effets à moyen terme

À moyen terme, les projets entrepreneuriaux éducatifs contribuent à une plus grande résilience des communautés locales face aux défis socio-économiques. L'intégration de projets qui répondent aux besoins locaux, tout en étant portés par des jeunes formés à l'entrepreneuriat, contribue à renforcer la stabilité économique de la communauté. De plus, les jeunes entrepreneurs, en créant des réseaux de collaboration avec d'autres acteurs locaux tels que les autorités municipales ou les entreprises locales, favorisent l'établissement de partenariats bénéfiques pour le développement communautaire.

Un exemple à moyen terme pourrait être celui des projets agricoles durables créés par des étudiants dans des communautés rurales. Ces projets ont des effets durables sur la productivité agricole, l'autosuffisance alimentaire et génèrent des revenus pour les agriculteurs tout en préservant l'environnement. Le travail de Souitaris et al. (2007) montre que des initiatives qui visent à introduire des pratiques agricoles durables peuvent progressivement transformer des communautés rurales en communautés plus résilientes face aux changements climatiques.

III.3.2.3. Effets à long terme

À long terme, les projets éducatifs entrepreneuriaux ont un impact significatif sur la transformation des communautés locales en des entités économiquement et socialement autonomes. En formant les jeunes à devenir des entrepreneurs capables de penser de manière innovante et responsable, ces projets favorisent un environnement entrepreneurial durable. Ils permettent également à la communauté de développer une culture de l'entrepreneuriat qui traverse les générations et soutient les entreprises locales sur le long terme.

L'analyse longitudinale de la réussite des programmes d'éducation à l'entrepreneuriat révèle également des changements culturels à long terme. Par exemple, les initiatives éducatives entrepreneuriales permettent de cultiver une mentalité de « résilience entrepreneuriale », qui a un impact durable sur la capacité des communautés à s'adapter à des situations économiques changeantes et à innover de manière indépendante. Les modèles de Peterman & Kennedy (2003) et de Heinonen & Poikkijoki (2006) démontrent comment ces programmes d'éducation à l'entrepreneuriat peuvent mener à un changement structurel dans les communautés, qui continue d'avoir des effets positifs longtemps après la fin de la formation.

III.3.3. Comparaison des impacts avec les modèles internationaux d'éducation entrepreneuriale

Pour évaluer l'efficacité des projets entrepreneuriaux dans les communautés locales, il est pertinent de les comparer aux modèles d'éducation entrepreneuriale internationaux. Ces modèles offrent des perspectives intéressantes sur la manière dont l'entrepreneuriat éducatif peut être intégré de manière stratégique dans les systèmes éducatifs pour maximiser son impact sur les communautés locales.

III.3.3.1. Modèles européens

En Europe, des pays comme la Finlande, le Royaume-Uni et l'Allemagne ont mis en place des programmes d'éducation entrepreneuriale de grande envergure avec un accent particulier sur l'innovation sociale et la durabilité. Les projets en Finlande, par exemple, intègrent souvent des éléments de développement durable dans les formations entrepreneuriales, en particulier dans les régions rurales où les jeunes sont encouragés à développer des entreprises écologiques ou sociales. Les résultats de ces initiatives montrent que l'éducation entrepreneuriale peut être un levier puissant pour l'autonomisation des jeunes et le développement durable des communautés (Vesper & Gartner, 1997).

III.3.3.2. Modèles nord-américains

Aux États-Unis et au Canada, les programmes d'éducation entrepreneuriale se concentrent davantage sur la préparation des jeunes à l'économie numérique et à la création de start-ups. Ces modèles sont plus orientés vers l'innovation technologique et la mise en place d'incubateurs d'entreprises. Bien que ces modèles aient un fort impact sur le développement économique, les résultats dans les communautés locales ne sont pas toujours aussi durables en raison de l'accent mis sur des secteurs plus axés sur la technologie que sur les besoins socio-économiques immédiats (Jones & English, 2004).

III.3.3.3. Modèles africains

En Afrique, les initiatives entrepreneuriales éducatives ont démontré un impact significatif sur la réduction de la pauvreté et l'amélioration des conditions de vie des jeunes, notamment dans les secteurs de l'agriculture, du recyclage et de la gestion des déchets. Les projets lancés par des étudiants en Afrique de l'Est, par exemple, ont contribué à la création de petites entreprises agricoles durables et de solutions locales pour la gestion des ressources naturelles. Les études de Heinonen & Poikkijoki (2006) révèlent que l'approche intégrée de l'entrepreneuriat éducatif permet de répondre à des besoins locaux tout en favorisant une croissance économique durable.

L'entrepreneuriat éducatif représente un vecteur crucial pour le développement durable des communautés locales. À travers des projets menés par des élèves, l'éducation entrepreneuriale ne se contente pas de développer des compétences spécifiques, mais elle engendre des transformations sociales, économiques et environnementales qui profitent à toute la communauté. Ce type de formation encourage la créativité, la résilience et l'autonomie, et permet de répondre de manière innovante aux défis locaux. En effet, les initiatives entrepreneuriales, qu'elles soient à petite échelle ou à grande échelle, ont un impact significatif sur la réduction de la pauvreté, l'amélioration des conditions de vie et la préservation des ressources naturelles.

L'évaluation des effets à court, moyen et long terme de ces projets montre que les résultats sont souvent immédiats, en particulier dans la création d'emplois et le renforcement de l'économie locale. Cependant, c'est à moyen et long terme que l'on observe les effets les plus profonds : transformation des mentalités, renforcement de la cohésion sociale et durabilité des projets entrepreneuriaux. Les effets à long terme engendrent une culture d'entrepreneuriat qui traverse les générations, un facteur essentiel pour assurer la pérennité des initiatives et leur adaptation aux évolutions socio-économiques.

Lorsque l'on compare ces impacts à ceux observés dans des modèles internationaux d'éducation entrepreneuriale, il apparaît que chaque contexte géographique et socio-économique impose des adaptations spécifiques. Tandis que les pays européens et nord-américains se concentrent davantage sur l'innovation technologique et l'entrepreneuriat numérique, les initiatives éducatives en Afrique et dans les régions rurales du monde se concentrent souvent sur les besoins fondamentaux des communautés, comme l'agriculture durable, l'économie circulaire et les solutions locales aux problématiques sociales.

Ces modèles internationaux, tout en étant fondamentalement différents dans leurs approches, soulignent néanmoins des principes communs : l'importance d'une éducation inclusive et axée sur l'action, l'intégration de la durabilité dans les projets entrepreneuriaux et le rôle central de la communauté dans la réussite des projets. Ainsi, l'éducation entrepreneuriale ne se limite pas à la formation de futurs entrepreneurs, mais elle participe activement à la construction de sociétés plus résilientes, inclusives et durables.

À cet égard, il est primordial que les politiques éducatives intègrent ces leçons et adaptent les programmes d'entrepreneuriat aux spécificités locales, tout en favorisant l'internationalisation des compétences. Les projets éducatifs entrepreneuriaux doivent être continuellement évalués et adaptés pour garantir leur impact durable et leur contribution au développement des communautés, tout en veillant à ce qu'ils répondent à des besoins sociaux et environnementaux pressants. Ce faisant, l'entrepreneuriat éducatif devient un moteur essentiel de transformation sociale et économique, capable de relever les défis mondiaux tout en construisant des communautés locales fortes et autonomes.

En conclusion, l'impact des initiatives éducatives entrepreneuriales sur le développement communautaire est indéniable et prometteur. Cependant, leur succès dépendra d'une évaluation continue, d'une gestion stratégique et de l'intégration des meilleures pratiques internationales tout en tenant compte des spécificités locales. Il devient ainsi essentiel de renforcer les collaborations entre les secteurs éducatifs, les gouvernements, les entreprises et les organisations de la société civile pour maximiser l'impact de l'entrepreneuriat éducatif et en faire un levier de développement durable pour les générations futures.

Conclusion

Ce chapitre a démontré que l'entrepreneuriat éducatif, au-delà de sa fonction de préparation des futurs entrepreneurs, constitue un puissant levier pour la résolution des défis communautaires. À travers une analyse approfondie des projets d'entrepreneuriat éducatif, il apparaît clairement que ces initiatives jouent un rôle crucial dans la transformation des communautés en apportant des solutions innovantes et concrètes aux problèmes sociaux, économiques et environnementaux locaux. Les projets menés par les élèves, qu'il s'agisse de la création d'emplois, de la résolution de problèmes environnementaux ou de l'amélioration des conditions sanitaires et éducatives, illustrent le potentiel transformateur de l'entrepreneuriat éducatif.

L'étude des cas concrets a permis de mettre en lumière les succès, mais aussi les défis auxquels ces projets doivent faire face. Si certaines initiatives ont connu un véritable succès, en générant de la valeur ajoutée pour les communautés et en favorisant le développement économique local, d'autres ont révélé les difficultés liées à la pérennité des projets, à la gestion des ressources ainsi qu'à l'absence de soutien institutionnel adéquat. Ces leçons, tant positives que négatives, soulignent l'importance d'une approche réfléchie et d'un accompagnement soutenu tout au long de la mise en œuvre des projets. En effet, l'entrepreneuriat éducatif ne peut être pleinement efficace que si les élèves sont formés à la gestion d'entreprise, à l'innovation sociale et à la durabilité.

L'impact de ces initiatives sur le développement communautaire est tangible avec des effets à court, moyen et long terme observables dans l'amélioration de la qualité de vie des populations locales, la réduction des inégalités et la création de nouveaux modèles économiques adaptés aux spécificités locales. Toutefois, ces résultats sont aussi influencés par les contextes socio-économiques et politiques dans lesquels ces projets sont mis en œuvre. La comparaison avec les modèles internationaux a également permis de souligner l'importance d'adapter les programmes d'éducation entrepreneuriale aux réalités locales, tout en s'inspirant des meilleures pratiques à l'international. Le soutien des acteurs publics et privés, ainsi que l'intégration d'une approche globale de développement durable, sont des facteurs essentiels pour garantir la réussite et la pérennité des projets d'entrepreneuriat éducatif.

En conclusion, l'entrepreneuriat éducatif ne se limite pas à la formation des élèves ; il est un catalyseur de changement social et économique au sein des communautés. En tant que moteur de l'innovation et de la création de valeur, il peut offrir des solutions aux défis les plus pressants auxquels les communautés font face, tout en contribuant au développement durable. Toutefois, pour maximiser son impact, il est nécessaire de renforcer les programmes éducatifs, d'assurer un suivi constant des projets et d'encourager la collaboration entre les secteurs éducatifs, privés et publics. La mise en place de politiques publiques favorisant l'entrepreneuriat au sein des écoles et des communautés est donc essentielle pour pérenniser ces initiatives et garantir leur contribution positive à la société.

Chapitre 4 : ÉVALUATION ET RECOMMANDATIONS POUR UNE PRATIQUE EFFICACE

Introduction

L'entrepreneuriat éducatif, en tant que domaine d'étude et de pratique, a suscité un intérêt croissant au cours des dernières décennies, notamment en raison de son rôle crucial dans le développement des compétences clés des jeunes générations et de sa contribution potentielle à la croissance économique et au développement social. Cependant, malgré l'enthousiasme qu'il génère, les programmes d'entrepreneuriat éducatif, qui sont censés doter les étudiants des compétences nécessaires pour s'engager dans des initiatives entrepreneuriales, continuent de poser des questions fondamentales quant à leur efficacité, leur pertinence et leur impact réel sur les apprenants ainsi que sur les communautés qu'ils sont censés servir. Il est donc impératif d'adopter une approche critique pour évaluer ces programmes afin d'en déduire des stratégies et des recommandations susceptibles d'améliorer leur performance et d'accroître leur impact à long terme.

Ce chapitre propose une analyse exhaustive des programmes d'entrepreneuriat éducatif, en s'intéressant tout particulièrement à la manière dont ils sont conçus, mis en œuvre et évalués. En explorant les modèles théoriques et pratiques sous-jacents à ces programmes, nous cherchons à identifier les facteurs qui contribuent à leur succès ou, inversement, à leurs limites. Le cadre de cette analyse repose sur la nécessité de comprendre les défis que rencontrent ces programmes lorsqu'ils sont confrontés à des réalités locales souvent marquées par des disparités socio-économiques, des lacunes dans l'infrastructure éducative et des contextes culturels distincts.

Une première dimension de cette analyse critique se concentre sur l'adéquation entre les objectifs des programmes d'entrepreneuriat éducatif et les besoins réels des étudiants ainsi que des communautés locales. Il est essentiel de se demander dans quelle mesure ces programmes répondent aux attentes des apprenants en matière de développement de compétences entrepreneuriales pratiques, mais aussi à la manière dont ces compétences peuvent, en retour, contribuer à résoudre des problèmes sociaux et économiques à l'échelle locale. Les écarts entre la théorie et la pratique ainsi que les limitations liées à la mise en œuvre de ces programmes sont des aspects incontournables de cette réflexion critique.

Ensuite, le chapitre examine la pertinence des approches pédagogiques et méthodologiques employées dans l'enseignement de l'entrepreneuriat, en mettant en lumière les divergences entre les méthodes conventionnelles d'enseignement et les besoins d'un enseignement plus pratique, participatif et centré sur l'apprenant. Cette analyse inclut un examen des défis liés à la formation des enseignants, qui sont souvent insuffisamment préparés pour transmettre des compétences entrepreneuriales, et de l'importance de leur engagement dans des formations continues pour assurer l'actualisation et l'efficacité des programmes.

Une attention particulière est accordée à l'évaluation des programmes, une dimension cruciale qui est souvent négligée dans les systèmes éducatifs. Il est nécessaire d'examiner comment les résultats sont mesurés, quels indicateurs sont utilisés pour évaluer l'impact des initiatives entrepreneuriales sur les compétences des étudiants et dans quelle mesure ces résultats sont véritablement représentatifs de l'impact à long terme sur les individus et les communautés.

Enfin, ce chapitre s'appuie sur une analyse comparative des meilleures pratiques internationales pour dégager des enseignements pouvant être adaptés aux contextes locaux. En effet, les programmes d'entrepreneuriat éducatif connaissent des réussites notables dans des contextes variés, mais ces succès sont souvent le résultat d'adaptations locales, de l'intégration de partenariats stratégiques avec les secteurs privés et publics et de l'implication des acteurs communautaires dans la conception des programmes.

Ainsi, à travers cette analyse critique, ce chapitre se propose non seulement de mettre en évidence les principaux enjeux liés à l'efficacité des programmes d'entrepreneuriat éducatif, mais également de formuler des recommandations pour leur amélioration. Ces recommandations visent à optimiser la pertinence des formations, à renforcer la synergie entre les différents acteurs impliqués et à garantir que les compétences entrepreneuriales développées à travers ces programmes aient un impact durable, tant sur les étudiants que sur les communautés locales.

IV.I. ANALYSE DES FACTEURS CLÉS DE RÉUSSITE DES PROGRAMMES D'ENTREPRENEURIAT ÉDUCATIF

Les programmes d'entrepreneuriat éducatif ont pour vocation de former des individus capables de concevoir, de développer et de gérer des entreprises, tout en cultivant des attitudes entrepreneuriales telles que la prise de risques, la créativité et l'innovation. Toutefois, leur efficacité repose sur une série de facteurs interconnectés qui influencent leur conception, leur mise en œuvre et leur impact. L'analyse de ces facteurs permet de mettre en évidence les éléments essentiels pour réussir l'implantation d'un tel programme, tout en permettant une évaluation critique de son adaptation au contexte socio-éducatif local. Parmi ces facteurs, la formation des enseignants, l'implication des étudiants, le soutien institutionnel et la conception pédagogique sont particulièrement déterminants pour la réussite de ces programmes.

IV.1.1. La formation des enseignants : une condition sine qua non pour l'efficacité pédagogique

Le facteur clé de succès le plus souvent cité dans la littérature sur l'entrepreneuriat éducatif est la formation des enseignants. Les enseignants sont les facilitateurs primordiaux du processus d'apprentissage entrepreneurial. Leur rôle dépasse celui de simples transmetteurs de savoirs théoriques pour devenir des modèles inspirants, des facilitateurs d'idées et des mentors pour les étudiants. Pour que ces derniers puissent développer leurs compétences entrepreneuriales, il est nécessaire que les enseignants possèdent une connaissance approfondie de la théorie de l'entrepreneuriat et de la pratique de l'entrepreneuriat. Cela inclut une expertise dans la gestion des entreprises, la prise de décision stratégique, la gestion des risques et la création d'innovations. Le programme de formation des enseignants doit ainsi combiner des modules théoriques et pratiques, incluant des études de cas réels, des ateliers interactifs et des rencontres avec des entrepreneurs (Heinonen et Poikkijoki, 2006).

La formation continue des enseignants est également primordiale. L'évolution rapide des méthodes pédagogiques, ainsi que les transformations économiques et technologiques, rendent nécessaire une mise à jour constante des compétences des enseignants. Une étude menée par Kirby (2004) révèle que les enseignants ayant une expérience entrepreneuriale directe sont capables de transmettre plus efficacement les valeurs entrepreneuriales et les compétences pratiques, contrairement à ceux qui sont uniquement formés sur le plan académique. Un exemple significatif de l'impact de la formation des enseignants est observé dans les programmes d'entrepreneuriat en Scandinavie où les enseignants reçoivent des formations continues et sont intégrés à des réseaux professionnels qui favorisent l'échange de bonnes pratiques.

IV.1.2. L'implication active des étudiants : de l'apprentissage passif à l'apprentissage actif

Un autre facteur décisif pour le succès des programmes d'entrepreneuriat éducatif est l'implication active des étudiants. En effet, l'un des principes fondamentaux de l'enseignement de l'entrepreneuriat repose sur l'idée que l'apprentissage entrepreneurial est intrinsèquement lié à l'expérience pratique. Selon Smith et Beasley (2011), il ne suffit pas de transmettre des connaissances théoriques : les étudiants doivent être mis dans des situations réelles ou simulées où ils peuvent exercer leur créativité, leur capacité à résoudre des problèmes et leur aptitude à prendre des risques calculés.

L'apprentissage par projet, qui constitue un pilier des programmes d'entrepreneuriat éducatif, permet aux étudiants de s'impliquer directement dans la création d'entreprises ou de projets entrepreneuriaux. Par exemple, des initiatives telles que le programme « *Enactus* » qui favorise la création de projets entrepreneuriaux sociaux par les étudiants permettent à ces derniers de travailler sur des problématiques sociales ou environnementales tout en développant leurs compétences en gestion, en communication et en leadership (Nabi et al., 2017). Ce type d'apprentissage par l'action non seulement renforce les compétences entrepreneuriales, mais permet aussi de développer des attitudes entrepreneuriales telles que l'autonomie, la persévérance et la capacité à gérer l'incertitude.

Dans ce contexte, il apparaît que l'implication active des étudiants, en particulier à travers des projets concrets et des simulations, contribue non seulement à leur engagement, mais aussi à l'acquisition de compétences pratiques transférables dans le monde réel de l'entrepreneuriat. Il est essentiel que les programmes d'entrepreneuriat encouragent cette participation active, notamment par l'introduction de challenges, de concours et d'incubateurs d'entreprises dans les institutions éducatives.

IV.1.3. Le soutien institutionnel et l'interaction avec les parties prenantes : un levier stratégique

Le soutien institutionnel est un autre facteur fondamental qui détermine le succès des programmes d'entrepreneuriat éducatif. Ce soutien peut se manifester sous différentes formes : financement, mise à disposition de ressources matérielles, incitations fiscales, mais également par la promotion d'une culture entrepreneuriale au sein de l'établissement éducatif. Le soutien institutionnel ne doit pas se limiter à une simple aide logistique, mais doit aussi inclure un accompagnement stratégique pour garantir la pérennité des initiatives entrepreneuriales. Les programmes d'entrepreneuriat doivent être perçus comme une priorité par les autorités éducatives, et ce soutien doit se traduire par des politiques éducatives claires et cohérentes.

Les partenariats avec les entreprises, les organisations internationales et les institutions publiques jouent également un rôle crucial dans la réussite des programmes d'entrepreneuriat. Ces partenariats permettent de créer un environnement propice à l'innovation et au développement des idées entrepreneuriales. Par exemple, des programmes comme ceux menés par des organisations comme la « *European Union Entrepreneurship Network* » ont permis d'établir des connexions entre les étudiants et des acteurs du secteur privé. Ils offrent ainsi des opportunités de stage, de mentorat et de financement pour des projets entrepreneuriaux (Vesper & Gartner, 1997).

En outre, le rôle des gouvernements et des institutions publiques dans le financement des programmes éducatifs est central. Dans certains pays, les subventions accordées aux écoles ou aux universités pour développer des initiatives entrepreneuriales ont permis la création de véritables écosystèmes d'innovation et d'entrepreneuriat. Des exemples comme ceux observés en Finlande et au Royaume-Uni où des fonds publics sont régulièrement alloués aux programmes d'entrepreneuriat démontrent l'importance d'un soutien institutionnel solide pour l'implantation et la pérennisation de ces programmes (Greene et al., 2004).

IV.1.4. La conception pédagogique et l'évaluation continue des programmes

La conception pédagogique des programmes d'entrepreneuriat doit répondre à des exigences précises, notamment l'intégration de méthodes d'enseignement interactives et innovantes, l'utilisation de technologies modernes et la prise en compte des spécificités du contexte local. Le modèle pédagogique doit être flexible, permettant une adaptation rapide aux changements de l'environnement économique et social. Dans cette optique, la diversité des méthodes pédagogiques, telles que l'apprentissage par projet, les études de cas, les simulations d'entreprises et les approches basées sur le jeu, sont des éléments importants pour maintenir l'engagement des étudiants tout en développant des compétences pratiques et analytiques.

L'évaluation continue des programmes est également essentielle pour garantir leur efficacité. Elle permet de suivre les progrès des étudiants, d'évaluer l'impact des programmes sur leurs compétences entrepreneuriales, et d'apporter des ajustements en fonction des retours d'expérience. L'évaluation des compétences entrepreneuriales ne doit pas se limiter à des critères quantitatifs comme la création d'entreprises, mais doit aussi prendre en compte des critères qualitatifs tels que la créativité, la gestion des risques et la capacité à innover. Une évaluation bien menée peut ainsi être un levier pour améliorer la qualité du programme et maximiser son impact (Hynes & Richardson, 2007).

Les facteurs clés de réussite des programmes d'entrepreneuriat éducatif sont multiples et interconnectés. La formation des enseignants, l'implication des étudiants, le soutien institutionnel et la conception pédagogique constituent les piliers sur lesquels repose l'efficacité de ces programmes. Toutefois, ces éléments ne sont pas suffisants en eux-mêmes : un programme d'entrepreneuriat doit également être flexible, capable de s'adapter aux évolutions rapides du monde économique et à la diversité des contextes culturels et sociaux. En outre, l'évaluation continue du programme et l'implication des parties prenantes sont des éléments essentiels pour garantir son impact et sa pérennité. Les exemples de succès observés dans divers pays à travers le monde montrent qu'en réunissant ces facteurs, les programmes d'entrepreneuriat éducatif peuvent jouer un rôle déterminant dans le développement de compétences entrepreneuriales et la création d'un environnement favorable à l'innovation et à l'entrepreneuriat.

IV.2. LES DÉFIS RENCONTRES DANS LA MISE EN ŒUVRE ET COMMENT LES SURMONTER

L'intégration de l'entrepreneuriat éducatif dans les programmes scolaires a connu un développement significatif ces dernières décennies, notamment en raison de la prise de conscience croissante de son rôle central dans la formation d'une nouvelle génération capable de faire face aux défis économiques, sociaux et environnementaux. Cependant, malgré ses avantages théoriques, sa mise en œuvre dans les établissements d'enseignement rencontre de nombreux obstacles pratiques. Ces défis peuvent découler de divers facteurs, notamment la résistance au changement, les contraintes structurelles et institutionnelles, la formation inadéquate des enseignants, le manque de ressources pédagogiques et matérielles ainsi que l'absence d'un soutien institutionnel et politique adéquat. Dans ce cadre, cet article se propose d'analyser ces obstacles, tout en suggérant des solutions concrètes et réalisables pour les surmonter, en mettant l'accent sur les réformes politiques, les infrastructures nécessaires et les ressources pédagogiques.

IV.2.1. Obstacles institutionnels et politiques à la mise en œuvre de l'entrepreneuriat éducatif

L'un des défis majeurs dans la mise en place de programmes d'entrepreneuriat éducatif réside dans l'absence ou l'insuffisance de soutien institutionnel et politique. Les politiques éducatives dans de nombreux pays ne reconnaissent pas encore pleinement l'importance de l'entrepreneuriat comme composante essentielle du système éducatif. Dans certains contextes, les autorités éducatives ont encore tendance à privilégier les disciplines traditionnelles (mathématiques, langues, sciences) au détriment des matières liées à l'entrepreneuriat.

Le manque de soutien politique peut également se traduire par l'absence de financement suffisant pour les programmes d'entrepreneuriat, une situation observée dans plusieurs pays en développement. En effet, de nombreux établissements d'enseignement souffrent de la pénurie de ressources financières allouées à l'enseignement de l'entrepreneuriat, ce qui empêche le développement d'initiatives innovantes et la mise en œuvre d'infrastructures adaptées à cet enseignement (Kirby, 2004). Dans ce contexte, les enseignants ne bénéficient pas toujours de la formation continue nécessaire, les étudiants ne disposent pas d'opportunités pratiques pour s'engager dans des projets réels et les structures administratives ne sont pas prêtes à soutenir ces démarches entrepreneuriales.

Solutions proposées : Pour surmonter ces défis institutionnels et politiques, plusieurs réformes peuvent être envisagées. Tout d'abord, il est essentiel de promouvoir une politique publique favorable à l'entrepreneuriat éducatif. Cela inclut la reconnaissance de l'entrepreneuriat comme une compétence clé et l'intégration de l'entrepreneuriat dans les curricula officiels à tous les niveaux d'enseignement. Des réformes éducatives doivent être mises en œuvre pour garantir que l'entrepreneuriat soit enseigné comme une discipline à part entière, avec un cadre structuré et des objectifs pédagogiques clairs.

Ensuite, une augmentation du financement public et privé est nécessaire pour soutenir les programmes d'entrepreneuriat. Ce financement pourrait être orienté vers la formation des enseignants, l'élaboration de matériel pédagogique, la création de partenariats avec des entreprises locales et internationales ainsi que l'implantation d'incubateurs d'entreprises dans les établissements d'enseignement. Les gouvernements doivent être incités à adopter des politiques fiscales et des subventions qui soutiennent ces initiatives.

Enfin, le rôle des gouvernements locaux et des autorités éducatives devrait inclure l'engagement à fournir des ressources humaines et matérielles suffisantes pour les programmes d'entrepreneuriat, en impliquant les acteurs privés dans le financement et l'animation des projets (Nabi et al., 2017).

IV.2.2. Manque de formation des enseignants : un frein majeur à l'implémentation

Le manque de formation adéquate des enseignants est l'un des obstacles les plus fréquemment cités dans la mise en œuvre de l'entrepreneuriat éducatif. Un enseignant ne peut pas enseigner efficacement l'entrepreneuriat s'il ne possède pas une expérience pratique de l'entrepreneuriat ou une formation suffisante sur la pédagogie de l'entrepreneuriat. De nombreux enseignants n'ont pas été formés pour enseigner cette discipline spécifique ni pour adapter leur méthode d'enseignement aux exigences particulières de l'enseignement entrepreneurial. Ainsi, un déficit de formation pratique, en particulier en ce qui concerne l'apprentissage par projet, l'apprentissage actif et la gestion de l'incertitude, peut nuire à l'efficacité des programmes.

Solutions proposées : La formation des enseignants constitue donc un levier crucial pour surmonter ce défi. Un programme de formation continue est nécessaire pour garantir que les enseignants soient constamment mis à jour sur les meilleures pratiques pédagogiques, les tendances actuelles du marché et les besoins spécifiques des étudiants. La formation devrait inclure non seulement des connaissances théoriques sur l'entrepreneuriat, mais aussi des compétences pratiques, telles que la création d'entreprises, la gestion d'une start-up et la gestion des risques. Un autre aspect essentiel est la formation des enseignants à la pédagogie active, qui est au cœur de l'enseignement de l'entrepreneuriat. Selon Hynes et Richardson (2007), l'apprentissage par projet et l'apprentissage par l'action doivent être au centre de la formation des enseignants. Ce qui leur permet de gérer des projets entrepreneuriaux réels avec leurs étudiants.

Il est également important de mettre en place des collaborations avec des entrepreneurs expérimentés qui peuvent servir de mentors pour les enseignants. De tels partenariats peuvent offrir des opportunités pour les enseignants d'acquérir des compétences pratiques et de se connecter avec le monde de l'entrepreneuriat.

IV.2.3. Déficit de ressources pédagogiques et matérielles

Le manque de ressources pédagogiques et matérielles constitue un autre obstacle majeur dans l'enseignement de l'entrepreneuriat. De nombreuses écoles, en particulier dans les pays en développement, manquent de bibliothèques, de matériels informatiques, de logiciels spécialisés et d'autres ressources essentielles pour mettre en place des programmes d'entrepreneuriat de qualité. Ce déficit est particulièrement notable dans les écoles publiques, qui disposent souvent de budgets limités et d'un personnel insuffisamment qualifié.

Solutions proposées : Pour remédier à ce déficit, il est crucial d'investir dans l'infrastructure des établissements scolaires. Les gouvernements doivent allouer des fonds à l'acquisition de matériel pédagogique, y compris des technologies modernes (ordinateurs, logiciels de gestion d'entreprise, simulateurs d'entreprise) pour faciliter l'apprentissage des compétences entrepreneuriales. Par ailleurs, des partenariats avec des entreprises privées, des ONG et des organisations internationales peuvent jouer un rôle déterminant dans l'acquisition de ces ressources. Par exemple, des entreprises de technologie pourraient offrir des ressources éducatives gratuites ou à prix réduits et des universités ou des institutions privées pourraient fournir des formations et des outils en ligne gratuits pour les enseignants. Il est aussi essentiel de développer des ressources pédagogiques adaptées, notamment des manuels, des études de cas et des outils d'apprentissage en ligne qui reflètent les réalités économiques et sociales des différents contextes.

IV.2.4. La résistance au changement et la culture éducative traditionnelle

Dans de nombreux systèmes éducatifs, les méthodes d'enseignement sont profondément ancrées dans une tradition centrée sur la transmission de connaissances théoriques. Ce qui constitue un frein à l'adoption de nouvelles méthodes d'enseignement, telles que celles qui sont centrées sur l'entrepreneuriat. Les enseignants, les élèves et même les parents peuvent parfois résister à ces changements, préférant des approches éducatives plus traditionnelles qui privilégient les connaissances académiques plutôt que les compétences pratiques.

Solutions proposées : Surmonter la résistance au changement nécessite une transformation progressive de la culture éducative. L'une des solutions consiste à intégrer l'entrepreneuriat à tous les niveaux du système éducatif, de l'école primaire à l'université afin que les élèves soient exposés à la pensée entrepreneuriale dès leur plus jeune âge. Cette approche permet de créer une culture entrepreneuriale au sein des établissements scolaires et de faciliter l'adoption de pratiques pédagogiques innovantes.

Les politiques publiques doivent promouvoir des stratégies de sensibilisation à l'importance de l'entrepreneuriat, en impliquant les parties prenantes (enseignants, élèves, parents, administrations) dans la conception et la mise en place de programmes d'entrepreneuriat. Des campagnes de sensibilisation peuvent être menées pour illustrer les avantages de l'entrepreneuriat éducatif, non seulement pour le développement économique, mais également pour la stimulation de la créativité et de l'innovation des jeunes générations.

Les défis rencontrés dans la mise en œuvre de l'entrepreneuriat éducatif sont nombreux, mais ne sont pas insurmontables. En identifiant clairement ces obstacles, il devient possible de proposer des solutions adaptées qui visent à surmonter les barrières structurelles, institutionnelles et pédagogiques. La formation des enseignants, l'adoption de réformes politiques et l'investissement dans les ressources pédagogiques et matérielles sont des leviers cruciaux pour garantir le succès des programmes d'entrepreneuriat. De plus, il est indispensable de promouvoir une culture entrepreneuriale au sein des établissements scolaires et de sensibiliser les parties prenantes à l'importance de cette approche pédagogique. En surmontant ces défis, l'entrepreneuriat éducatif peut jouer un rôle clé dans la formation d'une nouvelle génération d'entrepreneurs capables de relever les défis économiques et sociaux du XXIe siècle.

IV.3. RECOMMANDATIONS POUR INTÉGRER DURABLEMENT L'ENTREPRENEURIAT DANS LES CURRICULA SCOLAIRES

L'entrepreneuriat éducatif représente un levier fondamental pour le développement des compétences transversales et la stimulation de l'innovation dans le monde actuel. Son intégration dans les curricula scolaires peut transformer les élèves en acteurs dynamiques du changement économique, social et environnemental. Toutefois, l'intégration durable de l'entrepreneuriat dans les programmes scolaires requiert une approche systématique et multidimensionnelle, en abordant non seulement les réformes pédagogiques, mais également les politiques éducatives, les infrastructures et les partenariats avec le secteur privé. Dans cette optique, ce point propose des recommandations spécifiques pour une intégration efficace et pérenne de l'entrepreneuriat dans les curricula scolaires, tout en analysant les politiques éducatives nécessaires et les solutions de financement durable à travers des partenariats stratégiques avec le secteur privé.

IV.3.1. Intégration de l'entrepreneuriat dans les curricula scolaires : propositions stratégiques

L'intégration de l'entrepreneuriat dans les programmes scolaires doit se faire de manière progressive, en tenant compte des spécificités des différents niveaux d'enseignement et des contextes culturels, sociaux et économiques des pays. Pour garantir une mise en œuvre réussie, il est essentiel de repenser les approches pédagogiques, d'innover dans les méthodes d'enseignement et de doter les enseignants des compétences nécessaires pour dispenser des formations adaptées.

V.3.1.1. Révision des curricula à tous les niveaux d'enseignement

L'entrepreneuriat ne doit pas être perçu comme une discipline isolée, mais comme une compétence transversale à intégrer à tous les niveaux du système éducatif dès l'école primaire jusqu'à l'université. L'objectif est de sensibiliser les élèves à l'esprit entrepreneurial dès leur plus jeune âge et de renforcer progressivement leurs compétences tout au long de leur parcours scolaire.

Pour les élèves du primaire, l'intégration de l'entrepreneuriat pourrait commencer par des activités ludiques et des projets qui éveillent leur curiosité pour les concepts de base de l'entrepreneuriat, tels que la créativité, la résolution de problèmes et la prise d'initiative. À ce niveau, il s'agirait moins d'un enseignement formel qu'une sensibilisation qui pourrait être réalisée par le biais de jeux, d'ateliers ou de projets collectifs favorisant l'esprit d'équipe et d'initiative.

Au secondaire, l'enseignement de l'entrepreneuriat pourrait se structurer autour de la création de petites entreprises, d'associations ou de projets entrepreneuriaux à portée locale. Les élèves pourraient être invités à mettre en pratique les compétences acquises, en s'initiant à la gestion d'un projet, à l'analyse de marché, à la gestion financière de base, etc. Dans ce cadre, des approches pédagogiques telles que l'apprentissage par projet ou par le biais de stages en entreprise pourraient être utilisées pour compléter l'enseignement théorique.

À l'université, l'enseignement de l'entrepreneuriat pourrait être davantage orienté vers des spécialisations avec des programmes dédiés à la création d'entreprises, au financement de start-ups, à la gestion de projets innovants et à la stratégie d'entreprise. Il est également crucial d'offrir des parcours qui allient théorie et pratique. Par exemple à travers des incubateurs d'entreprises universitaires et des collaborations avec des acteurs économiques et des entrepreneurs.

IV.3.1.2. Adoption de pédagogies actives et innovantes

Une des clés de la réussite de l'enseignement entrepreneurial réside dans le recours à des pédagogies actives qui mettent les élèves au centre du processus d'apprentissage. L'approche pédagogique traditionnelle, basée sur un enseignement magistral, n'est pas adaptée à l'entrepreneuriat, car ce dernier nécessite des compétences pratiques et un apprentissage par l'action. Selon Kirby (2004), l'enseignement de l'entrepreneuriat devrait privilégier des méthodes telles que l'apprentissage par projet, les études de cas, les simulations d'entreprises, le travail en équipe ainsi que l'utilisation des nouvelles technologies (plateformes numériques, outils collaboratifs en ligne, etc.).

L'apprentissage par projet permet aux étudiants de travailler sur des problématiques réelles et de développer des solutions entrepreneuriales concrètes. En outre, l'approche par le mentorat où des entrepreneurs expérimentés accompagnent les étudiants tout au long de leur parcours, peut également s'avérer particulièrement efficace pour renforcer les compétences pratiques.

IV.3.1.3. Création de modules interdisciplinaires

L'entrepreneuriat étant une compétence transversale, il est important de créer des modules qui croisent différentes disciplines. Par exemple, l'économie, la gestion, les technologies de l'information, les sciences sociales et l'éthique peuvent être intégrées dans les programmes d'entrepreneuriat afin de fournir une vision globale et multidimensionnelle aux élèves. L'entrepreneuriat peut ainsi être vu non seulement sous l'angle économique, mais aussi social et environnemental. Ce qui permet aux jeunes générations de devenir des entrepreneurs responsables et éthiques.

Les écoles devraient donc encourager une collaboration interdisciplinaire entre les enseignants de diverses matières afin d'encourager une approche plus holistique de l'entrepreneuriat. Cette approche permettrait de développer des compétences d'analyse critique, de gestion de l'incertitude et d'innovation chez les élèves.

Les politiques éducatives jouent un rôle crucial dans l'intégration et le soutien des programmes d'entrepreneuriat. La mise en œuvre réussie de ces programmes dépend largement de l'engagement des autorités publiques à adopter des politiques favorables qui garantissent une prise en charge optimale des enjeux éducatifs et économiques liés à l'entrepreneuriat.

IV.3.2. Politiques éducatives nécessaires pour soutenir l'intégration durable de l'entrepreneuriat

L'intégration durable de l'entrepreneuriat dans le système éducatif repose sur des politiques éducatives cohérentes et visionnaires. Ces politiques doivent créer un cadre propice à l'émergence d'une culture entrepreneuriale tout en répondant aux exigences d'une économie en constante évolution. L'adoption des politiques publiques favorables à l'entrepreneuriat permet d'institutionnaliser son enseignement tandis que le développement de mesures incitatives pour le secteur privé encourage les partenariats stratégiques et l'investissement dans des initiatives éducatives novatrices. Ensemble, ces approches favorisent une synergie entre acteurs publics et privés, essentielle pour transformer l'éducation entrepreneuriale en levier durable de développement socio-économique.

IV.3.2.1. Adopter des politiques publiques favorables à l'entrepreneuriat

Les gouvernements doivent créer des cadres politiques clairs et cohérents qui favorisent l'enseignement de l'entrepreneuriat à tous les niveaux de l'éducation. Cela passe par l'institutionnalisation de l'entrepreneuriat dans les curricula scolaires avec des objectifs pédagogiques précis et mesurables. Selon Vesper et Gartner (1997), la politique publique doit être orientée vers la stimulation de l'esprit entrepreneurial dans la population scolaire, en établissant des objectifs clairs de formation et de développement des compétences entrepreneuriales.

Les réformes des systèmes éducatifs devraient intégrer des programmes de formation continue pour les enseignants afin qu'ils puissent s'adapter aux nouvelles exigences pédagogiques liées à l'enseignement de l'entrepreneuriat. En outre, l'amélioration des infrastructures éducatives telles que la création de centres d'incubation et de technologies éducatives est essentielle pour soutenir les initiatives entrepreneuriales dans les écoles et universités.

IV.3.2.2. Développer des politiques incitatives pour le secteur privé

L'implication du secteur privé est cruciale pour garantir la pérennité de l'entrepreneuriat éducatif. Les politiques éducatives doivent encourager les partenariats entre les écoles et les entreprises privées, en créant des incitations fiscales et des programmes de subventions pour soutenir les initiatives entrepreneuriales. Les entreprises peuvent jouer un rôle clé dans le financement de projets éducatifs, la mise à disposition de ressources ainsi que dans le mentorat et la formation des élèves.

Les politiques de soutien doivent également encourager la participation des entrepreneurs locaux dans les programmes d'éducation entrepreneuriale que ce soit à travers des visites d'entreprises, des stages ou des opportunités d'investissement. Cela permettrait aux étudiants de se confronter à la réalité du marché, de développer des compétences pratiques et de construire un réseau professionnel utile à leur futur entrepreneurial.

Les politiques éducatives visant à soutenir l'intégration durable de l'entrepreneuriat doivent être stratégiquement articulées autour de l'adoption de politiques publiques favorables et du développement de mesures incitatives pour le secteur privé. En créant un environnement favorable à l'émergence et à la pérennisation de l'entrepreneuriat, ces politiques permettent d'ancrer la culture entrepreneuriale dans les systèmes éducatifs tout en stimulant la collaboration entre les secteurs public et privé. Une telle synergie est essentielle pour préparer les générations futures à relever les défis économiques mondiaux de manière innovante et durable.

IV.3.3. Financement durable de l'entrepreneuriat éducatif et partenariats avec le secteur privé

Le financement est l'un des principaux obstacles à l'intégration durable de l'entrepreneuriat dans les curricula scolaires. Une approche durable repose sur la mobilisation de ressources publiques, privées et internationales, tout en développant des partenariats solides entre les institutions éducatives et les acteurs économiques.

IV.3.3.1. Financement public et privé

Le financement public devrait couvrir les dépenses liées à la formation des enseignants, à l'élaboration de matériel pédagogique, à l'amélioration des infrastructures scolaires et à la mise en place de centres d'incubation et d'innovation. Les gouvernements peuvent financer ces programmes par le biais de budgets nationaux et de subventions internationales dédiées à l'éducation entrepreneuriale.

Le secteur privé peut jouer un rôle complémentaire en investissant dans des programmes d'entrepreneuriat éducatif, en apportant des ressources financières, des technologies ainsi que des expertises et des outils pratiques. Les entreprises peuvent également mettre en place des bourses d'études ou des programmes de mentorat pour les élèves.

IV.3.3.2. Partenariats public-privé

Les partenariats public-privé (PPP) sont un moyen efficace de renforcer la durabilité des programmes d'entrepreneuriat éducatif. En collaborant avec des entreprises, des ONG et des institutions internationales, les écoles peuvent bénéficier de ressources supplémentaires pour développer des programmes plus diversifiés et adaptés aux besoins réels du marché. De tels partenariats permettent aussi de créer des opportunités d'apprentissage pour les élèves dans des environnements réels d'affaires, comme des stages ou des projets communautaires, et d'encourager l'innovation.

L'intégration durable de l'entrepreneuriat dans les curricula scolaires nécessite une approche holistique qui englobe des réformes pédagogiques, des politiques publiques adaptées et des partenariats solides entre le secteur éducatif et le secteur privé.

Conclusion

Le chapitre 4 de cet ouvrage a présenté une analyse critique approfondie des programmes d'entrepreneuriat éducatif, tout en formulant des recommandations stratégiques pour améliorer leur efficacité et leur intégration systématique dans le parcours éducatif des élèves. Ce chapitre a mis en lumière plusieurs éléments essentiels, allant des facteurs clés de réussite des programmes à la manière de surmonter les défis rencontrés dans leur mise en œuvre, avant de proposer des stratégies pour une intégration pérenne de l'entrepreneuriat dans les curricula scolaires.

Dans un premier temps, l'analyse des facteurs clés de réussite des programmes d'entrepreneuriat éducatif a permis de dégager des éléments essentiels pour garantir leur efficacité. La formation continue des enseignants, l'implication active des élèves et l'établissement de partenariats avec les acteurs privés ont été identifiés comme des leviers cruciaux pour le succès de ces programmes. L'exemple de projets comme ceux d'Entrepreneurial Learning, ou encore les programmes « *Junior Achievement* », a démontré l'importance de structurer les initiatives entrepreneuriales autour d'un cadre pédagogique robuste, capable de renforcer les compétences pratiques des étudiants tout en leur offrant des opportunités concrètes d'application. Ces exemples illustrent que la clé de la réussite réside dans un alignement harmonieux entre les objectifs éducatifs, les ressources disponibles et les besoins spécifiques des élèves.

Ensuite, la discussion des défis rencontrés dans la mise en œuvre de l'entrepreneuriat éducatif a permis de souligner les obstacles pratiques et systémiques qui freinent l'efficience de ces programmes. Parmi les principaux défis, on note le manque de ressources pédagogiques adéquates, les infrastructures insuffisantes ainsi que l'inadéquation de certains programmes face aux réalités locales. De plus, le décalage entre les formations théoriques des enseignants et les compétences pratiques nécessaires à l'enseignement de l'entrepreneuriat a été mis en évidence. Ces obstacles ne doivent cependant pas être perçus comme des fatalités, mais comme des défis à surmonter par des réformes politiques ciblées, l'adoption de technologies éducatives innovantes et la révision des modèles pédagogiques actuels. Des solutions comme la formation continue des enseignants, le renforcement des infrastructures scolaires et la mise en place de politiques publiques visant à soutenir l'innovation éducative ont été proposées pour combler ces lacunes.

Enfin, la troisième section du chapitre a mis en évidence des recommandations stratégiques pour garantir une intégration durable de l'entrepreneuriat dans les curricula scolaires. Il est apparu nécessaire de réorienter les politiques éducatives afin de rendre l'entrepreneuriat accessible à tous les niveaux d'enseignement, depuis le primaire jusqu'à l'enseignement supérieur. En effet, l'intégration de l'entrepreneuriat éducatif ne doit pas se limiter à un enseignement sporadique ou marginal, mais doit être perçue comme une compétence transversale à développer tout au long du parcours scolaire. Les réformes éducatives devraient s'accompagner de mécanismes de financement durable, incluant des partenariats avec le secteur privé qui peuvent apporter les ressources matérielles et l'expérience pratique essentielles à la réussite de ces programmes. L'instauration de modèles de financement novateurs tels que le financement par les entreprises partenaires ou l'établissement de fondations pour soutenir les projets entrepreneuriaux des élèves constitue un levier efficace pour pérenniser les initiatives.

En récapitulant ces points, il est évident que l'entrepreneuriat éducatif offre une avenue prometteuse pour le développement des compétences entrepreneuriales des jeunes, à condition que les politiques éducatives soient adaptées et que les pratiques pédagogiques soient renforcées. Cependant, le succès de ces initiatives repose sur la construction d'un écosystème éducatif cohérent et interconnecté où les acteurs publics, privés et éducatifs collaborent activement pour créer un environnement favorable à l'entrepreneuriat. En ce sens, une approche systémique est nécessaire pour surmonter les défis existants et garantir une intégration pérenne et efficace de l'entrepreneuriat dans le parcours éducatif des élèves.

Enfin, il est impératif de souligner que l'intégration de l'entrepreneuriat éducatif dans les systèmes scolaires va bien au-delà d'un simple ajout de matière dans les programmes scolaires. Elle nécessite une redéfinition des pratiques pédagogiques, des méthodologies d'enseignement et des évaluations des compétences. Les réformes proposées dans ce chapitre visent à établir un modèle où l'entrepreneuriat devient une compétence de base, comparable à d'autres disciplines fondamentales comme les mathématiques ou la langue et où chaque élève, indépendamment de son parcours ou de son orientation, aura les outils nécessaires pour s'épanouir dans un monde de plus en plus entrepreneurial.

Dans cette perspective, il convient de rappeler que l'entrepreneuriat éducatif n'est pas uniquement une question de formation de jeunes créateurs d'entreprises, mais également de formation de citoyens responsables, innovants et capables de s'adapter aux défis sociaux, économiques et environnementaux du monde moderne. C'est à ce titre qu'il constitue un axe stratégique pour le développement durable et pour l'émergence de sociétés plus résilientes, inclusives et novatrices.

CONCLUSION GÉNÉRALE

L'entrepreneuriat éducatif, en tant que domaine interdisciplinaire et en constante évolution, constitue un axe stratégique fondamental dans la préparation des individus aux défis contemporains du XXIe siècle. Alors que le monde globalisé traverse des mutations économiques, sociales, politiques et technologiques, la capacité à innover, à créer de nouvelles opportunités et à résoudre des problématiques complexes devient essentielle pour assurer la pérennité et la résilience des sociétés. Le rôle de l'éducation dans ce contexte est capital, et l'intégration de l'entrepreneuriat dans les systèmes scolaires s'avère être un levier incontournable pour développer ces compétences transversales. Cette conclusion synthétise les principales problématiques abordées tout au long de cet ouvrage et met en exergue les enjeux et les défis persistants, tout en formulant des recommandations pour une pratique éducative effective et durable. Synthèse des principaux enjeux et découvertes.

Au cœur de cette réflexion, il apparaît clairement que l'entrepreneuriat éducatif dépasse les simples objectifs de transmission de savoirs liés à la création d'entreprise. En effet, il s'inscrit dans un processus d'acquisition de compétences globales, nécessaires non seulement pour la réussite économique individuelle, mais également pour l'épanouissement personnel et le développement social des jeunes générations. La promotion de l'esprit entrepreneurial à l'école répond à une double nécessité : former des individus capables d'agir dans un environnement économique en constante évolution et de participer activement à la transformation sociale et environnementale de leurs sociétés.

L'analyse des programmes existants a mis en avant plusieurs facteurs clés de succès qui transcendent les contextes nationaux et culturels. L'implication des parties prenantes, qu'il s'agisse des enseignants, des élèves, des institutions scolaires ou des acteurs externes (secteur privé, ONG, etc.), est déterminante. En effet, une approche collaborative où chaque acteur joue un rôle actif dans la mise en œuvre des programmes contribue à la durabilité et à la pertinence des initiatives entrepreneuriales. Cette dynamique est renforcée par des pédagogies innovantes, centrées sur l'apprentissage expérientiel et par la création de réseaux de soutien qui permettent aux élèves de se confronter à la réalité de l'entrepreneuriat, tout en étant accompagnés et encadrés.

Cependant, comme souligné tout au long de cette étude, les défis liés à l'intégration et à l'expansion de l'entrepreneuriat éducatif demeurent nombreux. Les obstacles pratiques, qu'il s'agisse du manque de ressources, de la formation insuffisante des enseignants ou encore de l'absence de soutien institutionnel à long terme, constituent des barrières considérables. Ces défis ne sont pas seulement d'ordre matériel ou économique, mais aussi socioculturel, les mentalités souvent conservatrices et le manque de vision à long terme freinant l'adhésion des acteurs clés à l'introduction de ces programmes dans les curricula scolaires.

Une dimension particulièrement importante de cette analyse a été la nécessité de repenser les politiques éducatives en matière d'entrepreneuriat. Il apparaît qu'une telle politique doit aller au-delà de la simple inclusion d'un cours d'entrepreneuriat dans le programme scolaire. Pour être véritablement effective, cette politique doit être portée par une vision stratégique et soutenue par des investissements à long terme dans la formation des enseignants, dans la création d'infrastructures adaptées ainsi que dans le financement de projets entrepreneuriaux au sein des établissements scolaires.

Les exemples de réussite, que ce soit dans des programmes nationaux ou locaux, ont montré que l'entrepreneuriat éducatif pouvait générer des impacts significatifs, non seulement sur les compétences entrepreneuriales des élèves, mais aussi sur leur capacité à s'engager dans des initiatives sociales, environnementales et économiques de manière durable. Ces exemples démontrent que la clé du succès réside dans la mise en place de programmes holistiques où l'apprentissage académique se conjugue avec des pratiques concrètes et un accompagnement personnalisé.

Perspectives de recherche et d'action

L'un des principaux enseignements de cette étude est l'appel à une recherche plus approfondie sur les effets à long terme de l'entrepreneuriat éducatif. Les études existantes se concentrent majoritairement sur les impacts immédiats de ces programmes, en termes de compétences entrepreneuriales acquises, mais peu d'entre elles évaluent l'incidence de cette éducation sur la trajectoire professionnelle des anciens élèves ou sur leur contribution au développement économique et social de leurs communautés. À cet égard, il est primordial d'entreprendre des recherches longitudinales qui permettent de suivre l'évolution des anciens élèves ayant participé à des programmes d'entrepreneuriat et d'en mesurer les effets sur leur parcours professionnel et leur rôle dans l'innovation sociale.

D'autre part, la question de l'intégration des nouvelles technologies dans l'enseignement de l'entrepreneuriat ouvre des perspectives inédites. Les outils numériques, les plateformes de collaboration en ligne et les simulations interactives offrent de nouvelles possibilités pour rendre l'apprentissage entrepreneurial plus accessible, flexible et immersif. Cependant, l'efficacité de ces technologies reste un sujet d'étude qui mérite une attention particulière afin de déterminer dans quelle mesure elles peuvent véritablement enrichir l'expérience éducative, tout en permettant de surmonter les défis liés à l'éloignement géographique ou aux inégalités d'accès à des ressources matérielles.

L'un des domaines les plus prometteurs pour les recherches futures réside dans l'étude comparative des modèles d'entrepreneuriat éducatif à l'échelle mondiale. Les contextes économiques et sociaux varient considérablement d'un pays à l'autre. Ce qui influence la manière dont les programmes d'entrepreneuriat peuvent être conçus et mis en œuvre. Une analyse croisée des meilleures pratiques observées dans des environnements diversifiés pourrait offrir des solutions adaptables à chaque réalité locale, tout en favorisant une approche plus globale et inclusive de l'entrepreneuriat éducatif.

Enfin, une piste de réflexion importante est la manière dont l'entrepreneuriat éducatif peut être articulé avec les grands défis mondiaux actuels, tels que le changement climatique, la pauvreté, les inégalités sociales et la transition énergétique. Les programmes éducatifs doivent aller au-delà de l'objectif de préparation à l'entrepreneuriat classique, pour inclure des enseignements sur l'entrepreneuriat social et solidaire qui permet aux jeunes générations de se mobiliser pour répondre aux enjeux sociétaux avec des solutions innovantes et responsables.

Recommandations pratiques et politiques

Les recommandations pratiques issues de cette étude se concentrent sur plusieurs axes essentiels : la formation continue des enseignants, l'intégration des programmes dans les curricula scolaires à tous les niveaux, la création de partenariats publics-privés solides et la mise en place de mécanismes de financement pérennes.

La formation des enseignants est, sans nul doute, l'un des éléments les plus critiques pour la réussite des programmes d'entrepreneuriat éducatif. Un enseignant bien formé est non seulement un transmetteur de savoirs, mais aussi un mentor capable de stimuler la créativité des élèves et de les accompagner dans leurs projets. À ce titre, des programmes de formation initiale et continue doivent être mis en place avec un accent particulier sur les compétences pédagogiques spécifiques à l'entrepreneuriat.

Ensuite, il est impératif d'intégrer l'entrepreneuriat dans tous les niveaux d'enseignement, dès l'école primaire et de manière transversale à travers les différentes matières. L'enseignement de l'entrepreneuriat ne doit pas se limiter à des modules spécialisés, mais devenir un fil conducteur qui traverse tout le parcours scolaire, en intégrant des projets pratiques, des études de cas réels et des expériences entrepreneuriales concrètes.

Les partenariats avec le secteur privé, les institutions publiques et les ONG sont également essentiels pour assurer la pérennité des programmes d'entrepreneuriat. Ces acteurs peuvent offrir des ressources financières, des infrastructures et un réseau de mentors qui soutiennent les initiatives des élèves et des enseignants. Il convient également de favoriser des collaborations internationales, permettant de partager de bonnes pratiques et de renforcer les échanges culturels autour de l'entrepreneuriat.

Enfin, des mécanismes de financement durable doivent être mis en place pour soutenir l'entrepreneuriat éducatif. Les programmes ne doivent pas seulement dépendre des financements publics, mais aussi de l'implication du secteur privé, des collectivités locales ainsi que des fonds internationaux dédiés à l'éducation et au développement. Il est crucial que les ressources allouées soient utilisées de manière efficace et équitable, en veillant à ce que chaque établissement scolaire puisse bénéficier des moyens nécessaires pour offrir une éducation entrepreneuriale de qualité.

En somme, l'entrepreneuriat éducatif constitue une réponse aux défis contemporains du développement humain et de l'innovation sociale. Il représente un moyen indispensable de préparer les jeunes générations à un monde de plus en plus complexe et interconnecté. Pour que cet objectif soit atteint, il est nécessaire d'adopter une approche holistique, interdisciplinaire et collaborative, qui implique tous les acteurs de la société. Les recherches futures devront approfondir la compréhension des impacts à long terme de ces programmes et explorer de nouvelles voies pour les rendre plus inclusifs et adaptés aux besoins des sociétés en mutation.

RÉFÉRENCES BIBLIOGRAPHIQUES

- Aldrich, H. E. (1999). Organizations Evolving. Sage Publications.
- Bae, T. J., Qiao, Z., & Klyver, K. (2014). « Entrepreneurial intentions : A meta-analytic review. » Entrepreneurship Theory and Practice, 38(2), 217-233.
- Bae, Z. T., Qiao, H., Miao, C. F., & Fiet, J. O. (2014). The Entrepreneurial Education Ecosystem: A Global Perspective. Journal of Small Business Management, 52(4), 655-678.
- Bandura, A. (1997). Self-efficacy : The exercise of control. New York: W.H. Freeman.
- Barron B. & Darling-Hammond, L. (2008). *Teaching for meaningful learning: A review of research on inquiry-based and cooperative learning*. Edutopia.
- Bell, S. (2010). *Project-based learning for the 21st century: Skills for the future*. The Cleating House.
- Blank, S. (2013). The Lean Startup: How Today's Entrepreneurs Use Continuous Innovation to Create Radically Successful Businesses. Crown Business.
- Brown, T. (2009). Change by Design: How Design Thinking Creates New Alternatives for Business and Society. Harper Business.

- Brown, T. (2009). *Change by design: How design thinking transforms organizations and inspires innovation*. Harper Business.
- Dees, J.G. (1998). *The meaning of social entrepreneurship*. Stanford University Graduate School of Business.
- Drayton, B. (2006). The entrepreneur's journey: Re-visioning the role of entrepreneurship in solving global problems. The Synergos Institute.
- Drucker, P. F. (1985). Innovation and entrepreneurship: Practice and principles. Harper & Row.
- Drucker, P. F. (2006). *Innovation and Entrepreneurship: Practice
- European Commission. (1998). *Entrepreneurship in Education : A European Initiative*. European Commission.
- European Commission. (2006). Final Report of the Expert Group: Education for Entrepreneurship : A Key to the Future.
- European Commission. (2010). Entrepreneurship Education : Enabling Teachers as a Critical Success Factor. EU Commission Report.

- Fayolle, A., & Gailly, B. (2008). From Craft to Science: Teaching Models and Learning Processes in Entrepreneurship Education. Journal of European Industrial Training, 32(7), 570-586.
- Gartner, W. B. (1988). Who is an Entrepreneur? Is the Wrong Question. American Journal of Small Business, 12(4), 11-32.
- Gibb, A. (2002). In Pursuit of a New 'Enterprise Education' Paradigm for Learning: The Case for Practice-Based Learning. *International Journal of Entrepreneurial Behaviour & Research*, 8(6), 199-215.
- Gibb, A. A. (2002). "The Entrepreneurial Educator: Insights and Implications for Educational Development." *International Journal of Entrepreneurial Behaviour & Research,* 8(1), 13-39.
- Gibb, A. A. (2005). The future of entrepreneurship education – Determining the learning outcomes. *Entrepreneurship and Regional Development*, 17(6), 525-539.
- Gorman, G., Hanlon, D., & King, W. (1997). Some research perspectives on entrepreneurship education, enterprise education and education for small business management: A ten-year literature review. *International Small Business Journal*, 15(3), 56-77.

- Greene, F. J., & Brown, T. E. (2004). "Entrepreneurship education : The modernisation of entrepreneurship education." International Journal of Entrepreneurial Behaviour & Research, 10(4), 242-263.
- Greene, F. J., & Liao, J. (2004). "Entrepreneurial education : A review of research and directions for future inquiry." Entrepreneurship Theory and Practice, 28(4), 335-349.
- Greene, F. J., Brush, C. G., & Brown, T. E. (2004). *Resources for entrepreneurs*. Springer Science & Business Media.
- Greene, F. J., Mole, K. F., &Storey, D. J. (2004). Start-up enterprises: A comparison of students, academics, and entrepreneurs. *International Journal of Entrepreneurial Behaviour & Research*, 10(4), 188-203.
- Heinonen, J., & Poikkijoki, S. A. (2006). "An entrepreneurial-directed approach to teaching corporate responsibility: A case study". Journal of Business Ethics, 68(1), 49-62.
- Heinonen, J., & Poikkijoki, S. A. (2006). "An Entrepreneurial-Identity Approach to Teaching Entrepreneurship." Journal of Business Venturing, 21(1), 53-75.

- Heinonen, J., & Poikkijoki, S. A. (2006). An entrepreneurial pedagogy : Value creation in entrepreneurship education. Journal of Management Development, 25(1), 80-94.
- Heinonen, J., & Poikkijoki, S. A. (2006). An entrepreneurial-directed approach to entrepreneurship education : Mission impossible ? Journal of Management Development, 25(1), 3-10.
- Hynes, B. (2009). Entrepreneurship Education and Training: Introducing the Concept of the 'Entrepreneurship Development Process'. Journal of Small Business and Enterprise Development, 16(3), 412-429.
- Hynes, B., & Richardson, I. (2007). « Entrepreneurship education : A mechanism for engendering enterprise. » International Journal of Entrepreneurship and Innovation, 8(2), 131-141.
- Jones, C., & English, J. (2013). A contemporary approach to entrepreneurship education. Education + Training, 55(8/9), 815-828. https://doi.org/10.1108/ET-04-2013-0071
- Kerzner, H. (2013). *Project Management: A Systems Approach to Planning, Scheduling, and Controlling.* John Wiley & Sons.

- Kilauri Bitubi Jean (2024). Formation continue des enseignants des classes de troisièmes années des humanités : commerciale et Gestion de Goma sur l'enseignement de l'entrepreneuriat. Mémoire de DEA, Université Pédagogique Nationale (UPN), Kinshasa.
- Kirby, D. A. (2004). Entrepreneurship education : Can business schools meet the challenge?. International Journal of Entrepreneurship Education, 2(1), 142-161.
- Knight, F. H. (1921). *Risk, Uncertainty, and Profit*. Houghton Mifflin.
- Kolb, D.A. (1984). *Experiential learning: Expérience as the source of learning and development*. Englewood Cliffs, NJ: Prentice-Hall.
- Kourilsky, M.L., &Walstad, B. (1998). *Entrepreneurship and female youth: Knowledge, and educational practices.* Journal of Business Venturing.
- Kuratko, D. F. (2005). The Emergence of Entrepreneurship Education: Development, Trends, and Challenges. *Entrepreneurship Theory and Practice*, 29(5), 577-597.
- Matlay, H. (2008). "The impact of entrepreneurship education on entrepreneurial outcomes." *Journal of Small Business and Enterprise Development,* 15(2), 283-303.

- Matlay, H. (2008). Entrepreneurship education : A review of its evolution and current practice. Journal of Small Business and Enterprise Development, 15(2), 307-325.
- Matlay, H. (2008). The influence of entrepreneurship education on entrepreneurial outcomes. *International Journal of Entrepreneurial Behaviour & Research*, 14(3), 140-153.
- McKeachie, W. J. (2002). *Teaching Tips: Strategies, Research, and Theory for College and University Teachers*. Houghton Mifflin.
- Meyer, C. (2008). The Entrepreneur's Guide to Managing Change and Innovation. *Journal of Business Venturing*, 23(6), 763-774.
- Miller, D. (2017). *Innovation and Entrepreneurship: A Global Perspective*. Springer.
- Mishra, P., & Koehler, M.J. (2006). *Technological pedagogical content knowledge: A framwork for teacher knowledge*. Tearchers.
- Nabi, G., Walmsley, A., & Holden, R. (2017). The impact of entrepreneurship education in higher education: A systematic review and research agenda. *Academy of Management Learning & Education*, 16(2), 277-299.

- Nabi, G., Walmsley, A., & Liñán, F. (2017). "Entrepreneurship education : What and how?" International Small Business Journal, 35(1), 1-24.
- Nabi, G., Walmsley, A., Lichrou, M., & Dickson, P. (2017). The influence of entrepreneurship education upon students' intentions. *Education + Training*, 59(3), 433-452. https://doi.org/10.1108/ET-03-2016-0068
- Ndizeye, A. (2020). L'impact de l'éducation à l'entrepreneuriat dans le développement des compétences entrepreneuriales des élèves du secondaire. *Revue des Sciences de l'Éducation*, 34(2), 85-101.
- Ndizeye, E. (2020). « L'éducation entrepreneuriale dans les systèmes éducatifs africains : Analyse comparative des pratiques et perspectives d'avenir. » *Revue d'Éducation et d'Enseignement*, 19(1), 33-50.
- Ndizeye, F. (2020). *L'éducation à l'entrepreneuriat dans le système éducatif congolais : défis et perspectives*. Kinshasa : Éditions de l'Université de Kinshasa.
- Ndizeye, J. B. (2020). *Éducation entrepreneuriale en Afrique : défis et opportunités*.

- Ndizeye, J. B. (2020). The Role of Entrepreneurship Education in African Development. Kigali : University of Rwanda.
- Ndizeye, M. (2020). « L'impact de l'éducation à l'entrepreneuriat sur le développement des compétences entrepreneuriales dans les pays en développement. » *Revue internationale de l'éducation*, 42(3), 289-305.
- Niyonkuru, F. (2016). Les défis de l'éducation à l'entrepreneuriat en République Démocratique du Congo. *Journal of African Business*, 17(1), 34-49.
- Niyonkuru, G. (2016). « L'impact de l'éducation à l'entrepreneuriat sur les compétences entrepreneuriales des étudiants en Afrique subsaharienne. » *Revue de l'entrepreneuriat en Afrique*, 1(1), 45-59.
- Niyonkuru, R. (2016). *Entrepreneurship Education in Developing Countries: A Case Study of Sub-Saharan Africa.* Nairobi : African Institute of Development Studies.
- Niyonkuru, R. (2016*). L'entrepreneuriat comme moteur de développement économique en Afrique centrale*.

- OECD. (2009). Entrepreneurship education in Europe : Fostering the growth of the knowledge-based economy. OECD Publishing.
- OECD. (2009). Entrepreneurship in Education : A Guide for Policy Makers. OECD.
- *Organisation Internationale du Travail (OIT). (2020). The Future of Work for Youth: Ensuring Access to Decent Work for Young People*. Genève : OIT.
- Peterman, N. E., & Kennedy, J. (2003). Enterprise education : Influencing students' perceptions of entrepreneurship. Entrepreneurship Theory and Practice, 28(2), 129-144. https://doi.org/10.1111/1540-8520.00003
- Pittaway, L., & Cope, J. (2007). Entrepreneurship Education : A Systematic Review of the Evidence. International Small Business Journal, 25(5), 479-510.
- Rae, D. (2007). Entrepreneurial learning: A practical model from the creative industries. *The Journal of Small Business and Enterprise Development*, 14(2), 322-335. https://doi.org/10.1108/14626000710746777
- Rasheed, H. S., & Rasheed, A. A. (2003). "The role of entrepreneurship education in fostering entrepreneurial behavior." *International Journal of Entrepreneurship and Innovation,* 4(3), 167-176.

- Rasheed, H.S., & Rasheed, A.A. (2003). « The role of entrepreneurship in economic development: Theories and evidence. » Journal of Business Research, 56(7), 588-593.
- Rasmussen, E., & Sørheim, R. (2006). Action-based entrepreneurship education. *Technovation*, 26(2), 185-194.
- Sarasvathy, S. D. (2001). Causation and effectuation: Toward a theoretical shift from economic inevitability to entrepreneurial contingency. *Academy of Management Review*, 26(2), 243-263.
- Schumpeter, J. A. (1934). *The Theory of Economic Development: An Inquiry into Profits, Capital, Credit, Interest, and the Business Cycle*. Harvard University Press
- Shane, S. (2003). *A General Theory of Entrepreneurship: The Individual-Opportunity Nexus*. Edward Elgar Publishing.
- Smith, B. M., & Beasley, C. (2011). The role of entrepreneurship education in developing entrepreneurial attitudes in students: A comparative analysis. *International Journal of Entrepreneurial Behavior & Research*, 17(2), 141-157.

- Smith, B. R., & Beasley, A. (2011). "Entrepreneurship education in the twenty-first century: Challenges and opportunities." *International Journal of Entrepreneurial Behaviour & Research,* 17(5), 487-503.
- Smith, K., & Beasley, M. (2011). Graduate entrepreneurs : Intentions, barriers, and solutions. Education + Training, 53(8/9), 722-740.
- Souitaris, V., Zerbinati, S., & Al-Laham, A. (2007). Do entrepreneurship programmes raise entrepreneurial intention of science and engineering students? The effect of learning, inspiration and resources. *Journal of Business Venturing*, 22(4), 566-591.
- Thomas, J. W. (2000). *A Review of Research on Project-Based Learning*. Autodesk Foundation.
- Tomlinson (2001). How to differentiate instruction in mixed-Ability Classrooms. Alexandria, VA : ASCD.
- UNESCO (2021). Global Education Monitoring Report 2021 : The role of education in building sustainable and resilient economies. Paris : UNESCO Publishing.
- Vesper, K. H., & Gartner, W. B. (1997). Measuring progress in entrepreneurship education. *Journal of Business Venturing*, 12(5), 403-421.

- Vesper, K. H., & Gartner, W. B. (1997). Universities and enterprises in the creation of high-performance entrepreneurs. *Entrepreneurship Theory and Practice*, 21(4), 95-104.
- Yunus, M. (2007). *Creating a world withoutpoverty: Social business and the future of capitalism.* Public Affairs.

Structures éditoriales du groupe L'Harmattan

L'Harmattan Italie
Via degli Artisti, 15
10124 Torino
harmattan.italia@gmail.com

L'Harmattan Hongrie
Kossuth l. u. 14-16.
1053 Budapest
harmattan@harmattan.hu

L'Harmattan Sénégal
10 VDN SICAP AMITIE 3
BP 45034 Dakar-Fann
direction@senharmattan.com

L'Harmattan Cameroun
Tsinga/Derrière polyclinique FECAFOOT
BP 11486 Yaoundé
Jacques.koukam@harmattan.fr

L'Harmattan Burkina Faso
Villa 281, secteur 23 623, rue 14.32
Ouagadougou
zagbie@outlook.fr

L'Harmattan Guinée
Almamya, rue KA 028 OKB Agency
BP 3470 Conakry
harmattanguinee@yahoo.fr

L'Harmattan RDC
185, avenue Nyangwe
Commune de Lingwala – Kinshasa
matangilamusadila@yahoo.fr

L'Harmattan Congo
219, avenue Nelson Mandela
BP 2874 Brazzaville
deunovmikhael@gmail.com

L'Harmattan Mali
Immeuble Mgr Jean Marie Cissé
Aci Hamadallaye
BP 145 Bamako
syllaka@yahoo.fr

L'Harmattan Togo
Djidjole – Maison Amela
face EPP BATOME
02 BP 20680 Lomé
didieramela11@gmail.com

L'Harmattan Côte d'Ivoire
Résidence Karl – Cité des Arts
Abidjan-Cocody
03 BP 1588 Abidjan
harmattan.ivoire@gmail.com

L'Harmattan Bénin
Rue 604, (Immeuble à l'entrée
de la rue UCAO- Cite de Saint-Jean)
Cotonou
stepcorpus@gmail.com

Nos librairies en France

Librairie internationale
16, rue des Écoles
75005 Paris
librairie.internationale@harmattan.fr
01 40 46 79 11
www.librairieharmattan.com

Librairie des savoirs
21, rue des Écoles
75005 Paris
librairie.sh@harmattan.fr
01 46 34 13 71
www.librairieharmattansh.com

www.ingramcontent.com/pod-product-compliance
Lightning Source LLC
LaVergne TN
LVHW011021061026
849535LV00006B/1996